读书
文丛

王振忠

山里山外

Copyright © 2020 by SDX Joint Publishing Company.
All Rights Reserved.

本作品版权由生活・读书・新知三联书店所有。
未经许可，不得翻印。

图书在版编目（CIP）数据

山里山外／王振忠．—北京：生活・读书・新知三联书店，
2020.11
（读书文丛）
ISBN 978-7-108-06918-4

Ⅰ.①山… Ⅱ.①王… Ⅲ.①商业史－研究－徽州地区
Ⅳ.① F729

中国版本图书馆 CIP 数据核字（2020）第 134739 号

责任编辑	卫　纯
装帧设计	薛　宇
责任校对	安进平
责任印制	宋　家
出版发行	生活・讀書・新知 三联书店
	（北京市东城区美术馆东街 22 号 100010）
网　　址	www.sdxjpc.com
经　　销	新华书店
印　　刷	北京市松源印刷有限公司
版　　次	2020 年 11 月北京第 1 版
	2020 年 11 月北京第 1 次印刷
开　　本	880 毫米 × 1092 毫米　1/32　印张 6.5
字　　数	124 千字　图 43 幅
印　　数	0,001 - 5,000 册
定　　价	35.00 元

（印装查询：01064002715；邮购查询：01084010542）

目 录

1　自序

5　游仙枕上梦邯郸
18　五猖
33　黄白游
50　白杨源
71　许村
87　山里山外
103　胡适的圣诞诗
123　胡适的兄弟分家阄书
150　徽州八卦与《五杂组》之"明刻别本"
173　豆棚瓜架语如丝

自 序

"欲识金银气,多从黄白游。一生痴绝处,无梦到徽州。"——这是明代戏剧家汤显祖的著名诗句。诗中的"黄白",最直接的意思便是指徽州境内的黄山和白岳(齐云山);而"黄""白"连称,则是指徽商创造的财富。此外,"黄白"与"徽州"对举,则以黄山白岳之间,代指皖南一隅的徽州。

徽州地处皖南低山丘陵地区,千峰竞秀,碧水萦回。自12世纪南宋定都临安(今杭州)以后,徽州的土特产品便源源不断地从万山之中,经由新安江源源东下。这一山水之间的转输贸易,为僻野山乡积累了早期财富,也培育起徽州人的契约意识,从而为明代中叶以后徽商之崛起,奠定了坚实的基础。

在传统时代,绵亘的大山是天然之阻隔,山限壤隔,徽州独具特色的民俗文化,就在这绿色大山的环绕之中,新安江水脉脉流淌,映出了星罗棋布的白墙黛瓦,也映出了川流不息的往来风帆。河水的流动,在输出山林土产和芸芸众生之同时,也带来了山外世界的财富与信息。山阻隔,水流动,黄山白岳与新江歙浦之山水融合,使得这一域热土里外融合,山里、山外频繁沟通,精英文化与通俗文化亦同生共荣。于是,"万水汇新安,风帆影逸出吴越;千山拥古驿,驼铃声尽下潇湘",潇湘的云涛,吴越的地脉,皆与徽州之山水绵亘相连。

在明清文人笔下,徽州人"虽为贾者,咸有士风"。迄至今日,有人将徽商的桑梓故里"徽州"二字,拆解成"山系人文水满川"——"山系人文"即"徽"字,"山""系"分别是字体中间的上部和下部,二字连属则指绵延不绝的群山。而左边的双人旁亦即"人",右边的反文也就是"文"。"山系人文水满川"之寓意是说:明代中叶以后,随着徽商之崛起,黄山白岳之间人文荟萃,文化昌盛;至于"水满川",则代指"州"字。"川"字中间的三点为"水",系指徽州的母亲河——新安江之奔腾东去,这也代表着财富的川流不息……

要言之,"山系人文水满川"的寓意是——徽州水秀山清气脉长,不仅富庶,而且文化亦相当发达。其实,从文字学的角度来看,"徽"字的本意并非如此,而是捆绑、约束之意,其得名缘自北宋末年方腊造反被平定之后,当时,朝廷认为皖南这一带难以治理,遂取"徽"字为名,寓其约束之意。这本来是相当不好的字眼,不过,随着岁月的推移,特别是无远弗届的徽商之"贾而好儒""富而好礼",徽州的整体形象逐渐发生了变化。于是,一些人认为"徽者,美也",他们在描述黄山白岳时,便多了几分由衷的赞叹：

新安故郡，古歙新城，山明水秀，人杰地灵。

履黄山而登白岳，然登画阁朱楞；游练水以玩秀溪，不少茂林修竹。

试看一村一落，咸居万户人烟；某里某村，慕千年宗族。

素称胜地，宿号名区，居是邦者，不亦乐乎？

在这里，"世家门第擅清华，多住山陬与水涯"，粉墙黛瓦与青山绿水相互映衬，山水之秀美与人文的繁盛更是相映成趣，这是一幅流变千年的图卷：人在画中怡然而行，而宗族繁衍，市镇喧阗……此一画卷，处处可以感受到深沉底蕴中焕发的光彩。与此同时，借由山的脉动和水之流淌，徽州人亦前仆后继，勇敢地投身于山外的世界：

仆仆风尘，别故乡而竟去；依依杨柳，向异地以驰驱。
将见下渔滩，过箬岭，森森兮烟波，苍苍兮云影。
或四海以寄萍踪，或三次而投市井。
夕阳古道，谁怜帽影鞭丝；海角天涯，自叹桥霜店月。
…………

即便远离了梦中桃源，奔波在途，徽州之美，也在山转水绕之处不时闪动。民国时期，有位侨寓苏州的徽人后裔，曾"循山程自浙西入皖南，复循水驿而旋"，他自感"无日不与山为友，舟中无聊"，遂赋诗追溯行程：

> 一山转过又一山，山山相接如连环。……平身看山眼不饱，此行看山犹大好。轻舟更度万重山，山山裹我如襁褓。……我酬云山诗一首，无数云山为我别样青。

与这位徽州人一样，近二十多年，我在此处也转过了一山又一山，见识过晴川日落夜幕月升，经手过难以数计的徽州文献。在泛黄的故纸中，我看到了落霞余晖日月云烟，品味过人情冷暖悲欢离合，更阅历了世事沧桑风云变幻……

本书所收文字，皆是与徽州相关的学术随笔。在明清时代，"山里"的徽州虽然只是皖、浙、赣三省交界处的偏陬僻隅，但徽州文化在"山外"的世界却有着极强的辐射能力。当年，徽商不仅在商业史上曾有过如日中天般的辉煌，而且在文化上的卓越建树亦灿若繁星。为此，我们时刻关注着"山外"世界，聚焦于"山里"的一府六县；希冀伫立于黄山白岳的田野乡间，更好地理解"山外"中国的大世界……

己亥盛夏于新江湾

游仙枕上梦邯郸

一

明代小说家凌濛初在《二刻拍案惊奇》中曾说:"徽州人有个癖性,是乌纱帽、红绣鞋,一生只这两件事不争银子。"所谓乌纱帽,是指徽人热衷于做官,一旦有了顶戴,便自立为"官商",通过官、商勾结,攫取更多的经济权益。而关于徽商的"红绣鞋"之癖,当时的世情小说中有诸多描摹。例如,在"三言两拍"中,徽州朝奉不仅随处可见,而且还常常被封作"风月场中都总管,烟花寨内大主盟"。别的不说,脍炙人口的《杜十娘怒沉百宝箱》中,那位见色而起淫心的第三者孙富,便是来自新安的富商……

明代中叶以来,地狭人稠的徽州是中国最负盛名的商贾之乡。当时,无论是繁华都市还是僻野荒陬,处处皆有徽州人的足迹。与此同时,黄山白岳之间又是个文风蔚盛的地区,徽人在科举上的成就亦令世人瞩目。于是,在全国各地,徽州人外出务工经商、举子进京赶考,以及新官走马上任者络绎不绝，他们的言谈举止，给世人留下了深刻的印象。对此，晚明著名旅行家谢肇淛就曾指出：徽州人"近雅而稍轻薄"。所谓近雅，是说徽州人"贾而好儒"，做生意的也喜欢舞文弄墨，读书人亦不脱商贾气，贾、儒结合，时人称为"士商"。而"稍轻薄"，则主要是指外出移民的狎邪之风。这是因为徽州素有早婚的习俗，男子年到十二三，就要出门经商，而在出门之前，他们通常都要成婚，新婚之后也就依依惜别，奔走天涯。此后，萍飘蓬转，视生意之顺逆，有的几年、十几年甚至数十年方能返乡省亲，与妻儿团聚。为了适应异乡生活，有条件的商人往往会在侨寓地另置一房妻室，过起"两头大"的日子。而其他一些把持不住的老少爷们儿，则流连于形形色色的花街柳巷。在此背景下，徽州人之红粉追欢嘲风弄月，历来为世人津津乐道。

最近，笔者在一批新发现的徽州文书中找到一册《指醒迷途》，这是反映晚清徽商在北京社会生活的重要史料。该书为清代抄本，全书计十九页三十八面，末了部分略残，卷首提及：

壬午初冬，同二三知己缓步平康，初时以为写意□□，而作应酬之局，后至甲申之岁，得晤一知心腻友，余□□良缘天定，可托终身，然知玉人虽则情深，而鸨母视□（钱？）如命，余无奈，只得挥金如土，而结鸨母欢心，好求玉人情久。从此入彼牢笼，大为失

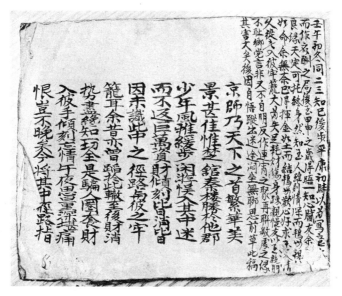

抄本《指醒迷途》书影

足,耗财伤身,疏亲慢友,以至亲朋不耻,乡党言非,又不自明,反作连宵之聚,再联数处之缘,其害大矣!后因自悟,踪出迷途,闷坐无聊,思前草此稿。

从同时收集到的一批文书来看,此处的"壬午""甲申",应当是晚清的光绪八年(1882)、十年(1884)。该段文字是说——自己流连花丛,神魂若失,为讨佳人欢心而游荡废业,最终迷途知返,颇多感悟,遂将阅历心得撰述成文。

二

抄本《指醒迷途》一书，首先介绍了北京妓院的地理位置及其相关特征，作者写道：

平康曲巷，在正阳门西、宣武门东，地名是小里沙帽胡同、王广福斜街、石头胡同、百顺胡同、皮条营，数处皆有，家家门内皆挂铁丝灯笼，上写"大门"二字，亦有写"堂"名者，影壁上皆挂壁灯，上书"鸿禧"二字。

文中提及的烟花柳巷，亦即京师著名的"八大胡同"。接着，作者缕述了当时逛妓院的规矩。根据他的观察，八大胡同各处门房以内都有门公数名，俗名叫"挠毛"。凡是有客人上门，"挠毛"们便会大声叫喊："乃里坐！"在《指醒迷途》一书中，"乃"习惯上是表达"那"或"哪"之意。斯时，院内又有婆子（俗名为"老妈"）数名，接声道："这里坐。"进院之后，有一婆子将嫖客让入一间空屋内。该名带路的婆子，为众婆子之首，俗名"了事老妈"，又名"大了"。根据后人编纂的《京师八大胡同通用名词解》的说法："大了，开窑子者所雇用之女佣也，亦称柜上跟妈，其职在周旋各妓房中，遇客人发脾气时，则出而调停。以其了事之能力颇大，故谓之'大了'。"这位大了问道："老爷贵姓？"问完之后，才叫道："姑奶奶们，见客来！"此声一出，莺莺燕燕飘然而至，"见时，婆子必报行几，见一人，报一人，随见随报随去，如行云流水"。见完之后，"大了"问道："老爷们，乃位姑奶奶如意，可挑乃位喝酒。"如果都没有合意的对象，客人可以自行离开。出门之时，婆子大声叫道："点灯笼！"……

从《指醒迷途》一书的行文来看，作者深熟青楼蹊径，仿佛优游缓步，评花品草，对曲中掌故更是如数家珍。他将八大胡同的嫖客分为数种：

日日见面，时刻关心，买物制衣，包穿包带，名曰靠得住的客；

次等影戏必到，客账开清，名曰好客；

再次影戏随便，客账不错，又不长临，或数日一临，或数月一临，名曰周年客；

又次认识人多，心无定准，暮楚朝秦，或来或走，名曰随便客；

最次客账不清，语言无味，蹂躏姣花，惜财如命，名曰闯客。

此种归类，是以前往妓院之频率以及对妓女的态度等为标准加以区分。其中两度提及的"影戏"，是指清代北京人最喜欢的皮影戏。当时，北京盛行唱影戏和大鼓书，而这则是妓院敛财的一个绝佳机会。届期，鸨母和妓女往往乘机让客人多点戏，多喝酒，"一宵影戏之费，一人包完,少则数十吊,多则百余吊不等"。妓女要嫖客多喝酒,时称"挤客",大概是寻欢作乐的场所,酒水历来蕴含着暴利。此外,《指醒迷途》还对妓院中的诸多现象,做了名称上的解释。例如,"客换别处,再交玉人,名曰跳槽",这里的"跳槽",显然不是现代意义上的调换工作,而是"昨宵抱李妓,今夜宿张娼"之频繁转换。此一说法,早在晚明刊刻的《万宝全书》中即已出现。"从此丽人切齿,或忿或哭,名曰吃醋"——由于情郎爱缔新交,痴情女眷恋难忘,呼天顿足之表现称为"吃醋",这与现代的含义大致接近。此外,在男女交往中,"玉人启齿要物、要钱,名曰砍斧子",这颇像当代上海人所说的"斩"。"蜜语甜言,奉承周到,名曰灌米汤",这在后来显然也并非妓女的专利。此外的种种说法,有不少在民国时代编纂的《京师八大胡同通用名词解》及《京师八大胡同通用名词余闻解》中亦有类似的说明,反映出此类惯例可谓源远流长。

《指醒迷途》的作者显然是惯走风月,故而不仅对曲中掌故极为谙熟,而且对于妓女的心理也揣摩得颇为透彻:

  脂粉迷笼,初次入门喝酒,玉人意态扬扬,假作大红大紫,傍(旁)观者不知彼之身价,有何等高贵,然知人人如似,处处皆同,所为压客之傲气,彼好着手应酬,又算高抬自己身分(份)。

这是说初次见面，妓女往往要自抬身价，以期压住嫖客的傲气，从而在其后的应酬交往中高标秀出。根据他的分析，初枕花柳，妓女"话语逢迎，时时用意，一为套客之行藏，二为不知客之性格，所怕一言不合，二次难临"，其间，虽然表面上心软语柔，但实际上却是处处设防。及至数度交往之后，了解了嫖客的脾性，才会真正做到两情相洽。不过，也正当此时，妓女一定会开口索要钱财或衣物，其数大约在数两之内，这就叫"砍小斧子"。其主要目的是试探嫖客为人是否大方，倘若后者一诺无辞，从此妓女便会倾心相待，加意奉承。倘若遭遇回绝，她便明白此人并无惜玉怜香手段，从此也就任其来去随意了。在前一种情况下，随着交往次数的增多，春浓似海，月满如潮，"玉人必在无人私语之时，夜半情言之际，假诉衷肠，畅谈心腹：……我二人海誓山盟，百年不散。无知之客，从此必入迷途，名为'灌米汤'"。米汤灌足之后，嫖客神魂颠倒，妓女眼见火候已到，便会不失时机地"要衣要物，包穿包带，管其日用，买钟、买表，以至字画、对联、床帐、炕褥，无一不要"，届时，嫖客傍花柳，欢情浓畅，自必言听计从，无一不允，这被称为"砍大斧子"。

针对此类的"灌米汤"和"砍斧子"，《指醒迷途》见招拆招，提出与妓女的交往之道：

思踪迷笼，初次相交，千万切忌实言，指东说西，指南道北，使彼不知深藏，难知性格，不敢相欺。若是初次入津，总言久在花场。如不然，彼知初入迷津，必以外行相待，名曰雏儿。处处受欺，枉钱多用，还不能多得奉承。

这是说初涉欢场，逢人且说三分话，不要被妓女当作刚刚出道的洋盘，以免撒漫使钱却得不到任何实惠。为此，《指醒迷途》列有在八大胡同逛窑子的价码：

花场价目列下：喝酒，每桿京钱票二十四吊，又念八吊文。下人赏钱十吊，如双桿，五吊亦可。出局，每条十二吊，无赏钱。住宿，每夜十二吊，妈子赏钱十吊文，外赏本妓之老妈，随便给彼。再，拜年、拜节，内外分赏与内外共赏全可，或给二三十吊、五六十吊，听其自便。又吃客饭，是厨房备办，赏赐亦归厨房，按菜价加倍重赏，无定准，酌而给之可也。

在《指醒迷途》反映的年代，"五十京钱当一吊"是北京市面上的惯例，也就是说，一吊原本为一千文，但当时的习惯却是大钱五十当一千文（称为一吊）。光绪八年前后，琉球人蔡大鼎曾在北京生活过多年，他在《北上杂记》中指出，当时北京的白米一百斤不过四十四吊，雇一个全天候的用人，每月支付的工钱也不过二十吊。而上述的欢场消费动辄数吊、十数吊乃至数十吊，如此令人咋舌的高消费，对于腿脚奔忙的平头百姓而言，无疑是仅供茶余饭后聊资谈助的"天上人间"。

作为"嫖经",《指醒迷途》自然需要传授房中术的技巧。书中的"床帏战法"条主张必须"战则必胜,攻则必克",让美女归心、佳人悦服。具体说来,"若精战法,须当坚器",想来作者确信磨刀不误砍柴工,故而主张事先要做七七四十九天的功课——"每日子前或午后,乃阴消阳盛之际,当凝神正坐,定气和神,闭气咽津,送下丹田,运至玉茎,两手撚,如大,用一手抖托肾囊并茎,一手在脐上,先左后右,转摩九九八十一遍。毕,换手如前,就根捻住,在左右腿盘上各敲八十一下,日久自坚,充满花窝,深入含精之地,不但在炉耐久,而且大悦女子之芳心,可为闺中之勇将。"此外,还有存、缩、抽、吸、闭、展的"战法六字诀",并附诗一首。香魂欲去,好梦将来,太虚幻景恍兮惚兮……关于"抖托肾囊并茎",是否真能成为"闺中之勇将",大概只能让当下那些故弄玄虚的"性学专家"姑妄言之。至于其下一大段雨殢阳台、云迷巫峡之类的露骨描绘,自不宜在此赘引……

在传统文人眼中,房中之技床第之术是捉对厮杀的一种艺术,不仅比拼体力,而且还有智力上的较量。《指醒迷途》中还附有"花场五术",是妓女如何留住嫖客的五种诀窍:其一是"化帛",亦即做一个纸包袱,在上面偷偷写上"破瓜之头客名姓",也就是该名妓女所接的头一位嫖客姓名,每逢年终除夕加以祭祀。其原意是将此人当作自己的亲夫,"祭之可保平顺"。其二是"祭星",明的是祭星灯而保平安，实际上也是暗书众客之名而祭之，以图长久。其三是"佩物"，具体做法是妓女向熟客要一随身物件佩戴在身，倘若几天没有见面，则在夜静更阑之时，抱着此物呼喊熟客之名，据说，这能让后者心动而自至。相反，倘若不想再见此人，则可将该物抛掷于污物之中，那么，厌物自然便不会再来了。其四是"叫灵"，倘若有熟客因斗气不来，那么可以在夜深人静之时，将床褥铺好，犹如安睡之状，再将尿盆倒覆于地，盆底朝上，用睡鞋敲打盆底而呼其名。如此这般，数夕之后，客人便会坐立不安，乖乖地再度前来，再拾坠欢，重谐旧好。其五是"泼水"，妓女有不喜欢的嫖客，但又不敢得罪，只有用好言支出，临走之时，等该嫖客一转身，或可用茶末，或可用清水，冲嫖客脚跟一泼。这样做了几次之后，该客自然便不会再来了……

三

数年前新发现的徽商小说《我之小史》，系婺源"末代秀才"詹鸣铎的章回体自传，书中，作者连篇累牍地自夸个人的花丛游历。从中可见，选妓征歌、游历花场是不少外出徽商共同的癖好。正因如此，迄今尚存的徽商书信中，就有这方面的诸多劝诫。如在徽州找到的尺牍活套《雁过留痕》抄本中，就有《诫狎妓》的内容：

　　△△仁兄阁下：启者，闻大驾抵津门之后，豪兴勃

发,倚红偎翠,流连于粉黛场中,弟窃意以为不然。盖勾栏中人,倚门卖笑,送旧迎新,是其惯技,故冷眼觑破者,常称之为迷魂阵,亦名之为销金窝也。伤神耗财,莫此为甚!弟不揣愚憨,用直言奉劝,谅高明者定勿河汉斯言也。此上,并请旅安。弟△△上言。

抄本《指醒迷途》一书出自歙县大阜潘氏,同时发现的还有潘尚志科举及第之相关资料(如《乡会联捷苏地发报送卷簿》等)。潘尚志于晚清光绪十一年(1885)考中举人,其人当年的乡试捷报,现存于南京夫子庙江南贡院陈列馆。大阜潘氏是著名的徽商世家,其成员有不少迁居于苏州,该家族崇尚科举,更有不少读书人前往北京游学应试。《指醒迷途》前有叙文曰:"京师乃天下之首,繁华美景甚佳,唯楚馆秦楼胜于他郡,少年风雅,缓步闲游,误入其中,迷而不返,巨万资财,倾(顷)刻皆消,皆因未识此中之径路,与彼之牢笼耳。余昔亦曾蹈于此辙,至后财消势尽,才知一切全是骗人圈套,财入彼手,倾(顷)刻忘情,午夜思量,深堪痛恨,岂不晚矣!今将其中径路指明,将鸨母奸谋,妓女巧计,与我辈同人之破法,一并缮写于后,稍可为吾等《嫖经》之一助。愿诸公同举义旗,共清妖孽哉!乙酉初秋云鹤叙。""乙酉"可能是光绪十一年(1885)。这位怡情风月的作者"云鹤",亦自称"过来人",据说是大阜潘氏族人(尚志的叔辈)。文中提及的"《嫖经》",亦作《青楼韵语》,由徽州虬村黄姓刻工刊印于万历四十四年（1616），该书颇为细致地反映了明代士人和妓女的心态。

类似《嫖经》《指醒迷途》这样的著作，目前存世者在海内外并未多见。日本学者小川阳一曾研究日用类书与明清文学，其中提及日本东京大学和台湾"中央研究院"史语所收藏的《嫖赌机关》（刊本、抄本各一）。除了此类的专书之外，晚明以后刊行的《万宝全书》中，也多有"风月机关"或"青楼轨范"之类的内容。根据台湾学者王尔敏、吴蕙芳等人的研究，此类著作内容主要包括：与妓女交往的书信活套，增进性爱欢愉的诸式春方，以及各类嫖妓原则及相关规范。特别是在第三点中，日用类书对妓女与嫖客双方之心理分析颇为详尽，在这一点上，《指醒迷途》的写法与之显然一脉相承。此类著作，对于明清文学以及社会史的研究均颇有助益。

有清一代，全国各地前往京师者络绎于途，为了因应旅客的需求，当时出现了不少有关京师指南方面的书籍，如《都门纪略》《北上备览》《都市丛载》等，上自京城之壮丽，衙署之纷繁，以及名人书画、厂肆珍玩，下至游宴之所、饮馔之细，无不备载而详说，唯独未曾专列有妓院的条目。想来是因其涉嫌诲淫诲盗，为正人君子所不容，故而不得公开列入。但这并不等于说此类的书籍并不存在，《指醒迷途》显然便是这样的一类专书，只是因其关涉风月调教，可能以抄本的形式存在更为合理。当然，《指醒迷途》一书的命名颇为耐人寻味。《太上感应篇》曾指斥：

"盖万恶淫为首,愚人不知利害,作此罪孽,今试讲种种祸害,指醒迷途……"《太上感应篇》虽仅一千余言,却可称作善书中较早且最为重要的一部。其中的"指醒迷途"一语,揭示了劝善书类最为重要的功能。不过,在传统时代,寻花问柳通常被视作儒生文人的风流韵事,"吃烟饮酒宿娼寮",竟可与"齐家治国平大下"连缀成对,两者似乎并行不悖。有鉴于此,另一部善书《文昌帝君圣训》"蕉窗十则"中首列"戒淫行",告诫读书人"未见不可思,当见不可乱,既见不可忆"。一些儒生刊刻《戒色编》等,就是以实际行动流通善书,通过"忏罪流通"有则改之无则加勉。晚明以后,人欲横于洪流,江南各地众多戒淫书之出现,实际上是对当时商品经济繁荣背景下奢靡成风、社会整体沦落的一种回应。"指醒迷途"原本虽是明清劝善书的重要功能,但以此为名者,却并不一定皆是婆心劝世的善书。爱河孽海,歧路茫茫,《指醒迷途》一书中就完全没有任何反省,有的只是各类技巧或伎俩的调唆与演示,显然是不折不扣的嫖经说教。当然,类似于此的噱头并不罕见——《肉蒲团》不是也有"觉后禅"的雅名?单看书名,恐怕谁也不会想到那竟是一部春梦无边的艳情小说吧!

"身作合欢床,臂作游仙枕,打起黄莺不放啼,一晌留郎寝"……正所谓梦里不知身是客,一晌贪欢,需要迷途指醒的,又何止是当年的红顶商!

(原载《东方早报·上海书评》2013年9月15日)

五 猖

一

绍兴二十年（1150）春，南宋理学家朱熹第一次返乡祭扫祖墓。朱熹虽然生于闽北，但他的祖籍却在徽州婺源（今属江西省）。在当地，他拜会了族中长老，还写下了《祭远祖墓文》等。当时，县城五通庙香火旺盛，相传极为灵验。邑人出门，必带上香纸入庙祈求平安；士人到达婺源，也必以名纸入庙，自称"门生"，叩拜以求吉祥。朱熹初来乍到，邻里族戚出于好意，也劝他前往拜谒，不料却遭其断然拒绝。当晚，族人宴请朱熹，因酒水受了污染，饮后闹起肚子；翌日，又在阶旁险遭毒蛇噬咬……接连的意外，让大家都觉得这是来自神明的警示，意在警告他必须承担拒绝拜谒五通庙的后果。于是，亲朋好友苦口婆心再度规劝。对此，朱熹表现得颇为坦然，他认为：拉肚子是由食物不洁所引起，与自己是否谒庙无关。据说，当时有位学者也竭力怂恿他应当从众前去拜谒五通神。朱熹听罢极不高兴，他反问道：做人何以需要从众？想不到一个有学问的人也会说这种话!我现在婺源,此处离祖墓不远,若真是因此而遭祸害,请将本人埋葬在祖墓旁边,那样不是很方便吗?……

朱熹时年二十一岁,正是血气方刚的年纪。此后,随着他的声望日隆,其人"不谒五通庙",亦遂成了婺源当地世代流传的名人逸事。

一般认为,大约自唐代起,婺源的五通庙就相当著名。据明弘治《徽州府志》记载:唐朝光启二年(886),徽州婺源有位叫王喻的人,某天晚上,其人园中忽然红光烛天,不一会儿就见有五位神人自天而降,从其前呼后拥的架势来看,俨然是王侯的排场。神人坐定之后,对王喻说:"吾当庙食此方,福佑斯民。"说罢,就升天而去。于是,王喻就以其宅立庙,从此凡有祈祷,所求必应。此一情况传到朝中,官方遂多次褒封该庙。北宋大观三年(1109),官府赐其庙额曰"灵顺"。宣和五年(1123),将庙中所祀的五位神人,敕封为通贶侯、通祐侯、通泽侯、通惠侯和通济侯,合称"五通"。南宋淳熙元年(1174)改封五通神的侯爵为公,曰显应公、显济公、显祐公、显灵公和显宁公,后又加封王爵。因五人封号中的首字皆为"显",五通遂与当时逐渐盛行的"五显"相混淆。根据当代学者的研究,南宋时期的五通神嗜利重欲且多兽性,它吸纳了共同发源自婺源、德兴一带,名号又与五通相近的五显信仰,被世人形塑成欲念甚重同时又知悉、掌握人间诸事的五通神格,在崇拜上形成了近于契约签订的特殊法式——许多当事人经由入梦、魂游或对答等方法，直接与五通神商谈并确认契约内容，立下约定。因此，在五通神人格建构中，立约中代价与收益间的对等关系，成了此类故事的主要思维及中心内容（参见黄东阳《利益算计下的崇奉——由〈夷坚志〉考述南宋五通信仰之生成及内容》，载《新世纪宗教研究》第9卷第4期，2011年6月）。也正因为这一点，五通和五显，也与民间传说中的财神密切相关。

婺源是传统时代徽州木业经营最为发达的地区，五通神出现于此，并随着木材之流动而传播于四面八方，似乎并非偶然的巧合。对此，日本学者斯波义信认为：江南的五通，可能是崇拜岩石树木而得以广泛流行。盛夏时，木客将木材运至江湖贩易，宋代徽州婺源的五通庙年市，可能就是以山村为地盘的商人们所举行的祭市。

二

在当代，徽州旧属的一府六县中，唯有江西婺源县迄今仍保存着众多昔日的民间信仰。数年前，笔者曾走访婺源的"傩舞之乡"长径村。其间，在长径附近的吴戈坑，看到一座修建得颇为气派的五显庙。

庙之上方挂有"财神庙"的匾额，两侧对联分别是"五显感应化育万民""财神济世有求必应"。庙外左侧立有一块功德碑，上书重修五显财神庙之缘起，大意是台湾

婺源的五显财神庙

某人受基隆天显宫主神五显大帝嘱托,前来大陆寻觅五显大帝庙,几经周折,得知长径吴戈坑有五显帝庙,与基隆天显宫所祀为同一主神,遂号召捐资重修。庙门左侧,还贴有一张红纸:

> 捐助灯笼款二佰(百)元整。
> 安徽省安庆市信士弟子程□□、陈□□。
> 灵丹妙药。
> 长径吴戈坑五显财神爷。

看来,此处财神庙的影响并不仅及于婺源一隅。从中可见,婺源的民间信仰,与其"母省"安徽仍有着紧密的联系。另外，与闽、粤一带的情况颇相类似，婺源民间信仰之复苏，与来自海外的捐助密切相关。

碰巧的是，当时正好有两家善男信女前来还愿。其中的一家来自附近的坑头村，一位老妪带着儿子、媳妇和两岁多的孙子。只见老妪手上抱着一只活公鸡，公鸡外面用红色的网兜兜住，仅露出脖子以上的部分。想来是山间散养，平日里无拘无束，公鸡透显出气宇轩昂的神态。稍后，庙祝点烛焚香，开始杀鸡。但见他先是用力揪下公鸡脖子上的几根毛，待露出泛白的部分后，用刀刃在上面麻利地割了一下，鲜血顿时涌出。是时，庙祝赶紧将鸡血对准神坛及供桌喷洒，随后将那只公鸡往台阶下一抛。接着，庙祝点燃了鞭炮……

杀鸡祭祀

在浓烈的硝烟和震耳的噼里啪啦声中,原先神气活现的那只公鸡,此时尚未断气,它还挣扎地在地上奔跑,在它身后,留着一条鸡血的断续轨迹……在此类祭祀的场合,对于作为祭品的家禽或家畜,技艺高超的庙祝或屠夫,下手必须轻重适宜,既要一刀切中要害,又不能让公鸡或肥猪马上断气,理想的状态是让它们在割破喉管后还能跑上一会儿,让鲜血洒成一圈,这样才能达到预期的效果。

此时,只见那位两岁多的孙子,站在大人身旁,好奇地看着杀鸡、焚香放炮。当他看到公鸡在地上拼命地扑腾,虽然有时也显得有点吃惊,但还是兴奋得手舞足蹈……

财神庙中的五显神像

三

长径村位于婺源东部五珠山南麓的小溪旁，距离县城紫阳镇不过数十里，村落的历史至少可以上溯至唐代。据当地人讲述，该村是徽州著名的"傩舞之乡"，每逢跳傩时，家家户户争相迎请傩神。届时，跳傩者会以斩妖祛邪的铜斧朝其家门劈去，借此逐疫禳鬼、袚邪除祟。同样，他们还会以铜斧在牛栏、猪舍上猛地一剁，以期六畜兴旺……

眼前的庙宇是近年重修的，附属于长径村。同行的一位文化干部提醒我，虽然是新修的庙宇，但神龛背后的那块碑，却是很早以前就有的。经他提醒，我仔细一看，果真在神龛后壁，嵌有一块石碑，其上刻着：

南方第……
东方第一风猖……
北方……
中央……
西方第三……

虽然是断续的文字，但我们如果熟悉民间文献中的宗教科仪，便很清楚地知道个中完整的文字，亦即：东方第一位风猖大神王，南方第二位狂猖大神王，西方第三位毛猖大神王，北方第四位野猖大神王，中央第五位伤猖大神王。

这真是一个有趣的案例：在神坛外面，是五个受到朝廷敕封的五显，其装扮衣冠楚楚，正襟危坐；而在实际上，其背后却是地地道道的徽州土神——五猖神。揆情度理，五猖与皖南赣北低山丘陵地区的山林、狩猎密切相关。

五猖神是旧徽州一府六县极为普遍的民间信仰，后来亦传播到全国的许多地方。一个比较典型的例子，当推鲁迅先生的《五猖会》一文。这篇收入《朝花夕拾》的散文说的是浙江绍兴东关一带的"迎五猖"：

> 孩子们所盼望的，过年过节之外，大概要数迎神赛会的时候了。但我家的所在很偏僻，待到赛会的行列经过时，一定已在下午，仪仗之类，也减而又减，所剩的极其寥寥。往往伸着颈子等候多时，却只见十几个人抬着一个金脸或蓝脸红脸的神像匆匆地跑过去。于是，完了。
>
> ……………
>
> 要到东关看五猖会去了。这是我儿时所罕逢的一件盛事，因为那会是全县中最盛的会，东关又是离我家很远的地方，出城还有六十多里水路，在那里有两座特别的庙。……其一便是五猖庙了，名目就奇特。据有考据癖的人说：这就是五通神。然而也并无确据。神像是五个男人，也不见有什么猖獗之状……

在《长妈妈与〈山海经〉》一文中,鲁迅又多次提到东关的"五猖会"。他还指出,有人考证五猖神就是五通神。从婺源五显财神庙的情况来看,这种说法显然并非无据。在徽州本土,最近十数年的田野调查中,我只见到过数处尚存的五猖庙。即使是从目前所见的五猖神像来看,面目仍然相当狰狞,其张牙舞爪的样子亦颇具"猖獗之状"。在我看来,五猖神在浙东的流行,以及五猖会在绍兴一带的盛大规模,或许与鲍姓等徽籍盐商在绍兴的入籍、生业不无关系。在这种背景下,来自皖南的土神传到浙东的异乡,为了吸引侨寓地的民众,自然会在神像之样态上做一些必要的改动,这大概也是人之常情吧。相应地,五猖庙在一些地方也被命名为"五昌庙"(或称五福

当代五猖庙中的壁画(歙县杞梓里,作于晚清民国时期,摄于 2007 年)

当代婺源土地庙中的"五猖大神"画像(婺源古蜀地,摄于2015年)

庙),之所以去掉"犭"旁,显然是因为"猖"字毕竟让人产生"猖獗""肆意妄为"之联想。

四

在徽州,五猖的地位颇为微妙,它们虽然面目狰狞让人畏惧,但世人亦常视之为无所不能的保护神(甚至是发家致富的财神化身),故民间素有"无求不应仰猖神,吉庆平安庇庶民"之说。通常情况下,当社屋里的菩萨像历经数年而破旧剥蚀、需要修补重漆时,就要举行"呼猖"的仪式。此一隆重的仪式,通常每隔十数年举行一次,整个过程包括退神、开光和上神三个部分。对此,清代乾隆时人吴梅颠的《徽城竹枝词》这样写道:

神像多年色改常,重开生面号开光。
神来作贺神迎送,始则呼猖后犒猖。

根据当代的调查,"呼猖"的第一步是"退神"。在民众心目中,菩萨是有灵魂的,要先将菩萨退神以后,才能重新修理,否则是对神的大不敬。退神的时间在晚上,地点一般选在河边的树林里。先由负责修理菩萨的漆匠在林间搭起一处临时的帐篷,摆上供桌,焚香跪拜后,将菩萨后背的一个小门打开,取出其中的"五脏六腑",即原先摆放在里面的乌龟、壁虎、蝾螈、蛇、蜈蚣等"五毒"。然后用香火将神灵引到山间的一座坟墓里,至此,菩萨的灵魂也就退去了——这个过程就是"退神"。接下来是"开光":漆匠将退了神的菩萨像运到纸扎店里,将菩萨重新修补,上油漆。上油漆很讲究,里面要掺入珍珠粉和红磷珠,并且要漆六遍方可。为之整治一新后,用红布将整个菩萨罩住,并运回社屋,这个过程称为"开光"。最后是"上神":先将乌龟、壁虎、蝾螈、蛇、蜈蚣等活的"五毒"准备好,以之作为菩萨新的灵魂。经过一番仪式之后,由漆匠将鲜活的"五毒"作为菩萨的"五脏六腑",从背后的小门中装进泥菩萨肚里,再用漆泥把门封死,将五种动物憋死在菩萨的肚中。道士再用嘴咬破中指,以血点在菩萨的两只眼睛之上,是为"点光"。"点光"之后,菩萨就有了新的灵魂,这就是"上神"。上神仪式,都是在晚间进行的。

此一"呼猎"仪式在传统时代曾一再举行,关于这一点,在劳格文(John Lagerwey)教授与我合作主编的"徽州传统社会丛书"中,有多位作者都详细描述过这一过程。此外,数年前,我在台湾"中央研究院"傅斯年图书馆还读到一份《歙县张宗穆为修复黄备桃源祖殿事布告各社文》,其中提及"呼猎"过程中的一次意外:

> 歙南黄备桃源祖殿,自唐宋以来供奉在庙众神,……乾隆二十八年众神重新换衣,三月十六点光上座,轮管社事。张垂铨年幼无能,失于照察,主坛腹内所用玄龟过大,未用丝绵裹包,咬断悬线。九月重阳各社迎神胜会,议论纷纷,口称失去腹藏,理应送神回宫……

黄备是歙县南乡的一个村落,当地有黄备桃源祖殿,所供诸神由来已久。黄备一名,据说是唐末黄姓在此建有别墅,备者,备乱以自保,故而文书中称诸神自唐宋以来就已供奉在庙。这些神明,是与新安江畔的朱家村、浦口一带共同祭拜,因此祭祀圈的范围颇为广大。1763年正值菩萨换衣,预定于三月十六日点光上座。当年是由张姓的宗穆社轮首社事。族中一名叫张垂铨的人年幼无能,又比较粗心,由他放入主坛腹内的"玄龟"个头太大,却没有用丝绵裹包,以致悬线被乌龟咬断。文中虽未明言乌龟是否逃脱,但无论如何这都是一个较大的纰漏。及至九月重阳各社迎神,众人议论纷纷。为此,宗穆社征引旧例,费尽口舌加以解释,才总算弥缝过去……不过,此一意外的事故说明,整个开光过程的程序固定,容不得半点差错,否则兹事体大。

"呼猖"在民间也叫"呼五猖",道光年间,经学大师俞樾曾在徽州休宁处馆,他撰有一首《呼猖歌(纪徽俗)》诗,其中有"云何楚鬼越檖外,更来此来听呼猖"之句。该诗所用典故出自《列子》"楚人鬼而越人檖",说的却是徽州人笃信鬼神与檖祥的事实。这一点,与《朱子语类辑略》所说的"风俗尚鬼,如新安等处,朝夕如在鬼窟。……有所谓五通最灵怪"并无二致。

在徽州,许多有关五猖的宗教科文迄今仍被保留下来,例如,《请猖科文》抄本开首即唱道:

> 霹雳一声天地开,山河社稷扫清摇。
> 五猖兵马齐赴会,十庙老郎下猖坛。
> 威风凛凛透天关,鬼昧(魅?)闻知心胆寒。
> 酬还福愿之以后,祈求清吉保平安。
> ············

因系民间抄本,个中文字未必雅驯。其中的"老郎",系指旧时戏曲艺人奉祀的祖师。其神像大都白面无须,头戴王帽,身穿黄袍。所奉祀者传说不一,明代戏剧家汤显祖在《宜黄县戏神清源师庙记》中指出,老郎是"清源妙道真君"。及至清代,一般认为是指唐明皇。请猖时通常

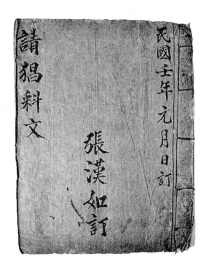

《请猖科文》抄本

都需演戏,故而当时还保留有《大犒猖兵》等富有戏剧情节的科文。而演戏时,有时要先举行"破台"的驱鬼仪式,由一人扮"五猖",在锣鼓声中上场,将赤豆、茶叶等遍撒四处,并徒手将公鸡头拧下,咬在嘴里,拔起钢叉,手拎公鸡,将鸡血洒涂舞台四方、柱上等。此一做法,反映了中国仪式剧的重要特征之一——"祭中有戏,戏中有祭。"

除此之外,一般民众除夕都要酬谢猖神,通常设筵一席以求保安,届时念诵祝文,其中的不少内容,生动地反映了普通民众朴素的功利心态。譬如,他们祈求神明,保佑栏下家畜"年长千斤,月长万两,低头吃食,抬头长标(膘)",读罢令人捧腹。

正是由于五通(五猖)的全知全能,故而自从南宋以来，它就受到江南民众的广泛信奉，即使是文人士大夫亦不例外。虽然儒家素有"敬鬼神而远之"的说法，但大概只有像朱熹那样特立独行的人物，方能内心强大到足以抵御所有外在的诱惑与胁迫。

（原载《读书》2017 年第 1 期）

黄白游

一

《启祯野乘一集》《明名臣言行录》等书都记载，丁元荐"凡知交当路，绝无一毫染指，尝吟临川诗以自况，曰：'欲识金银气，多从黄白游。一生痴绝处，无梦到徽州。'其廉介绝尘如此"。临川亦即"临川四梦"之作者汤显祖，他的那首五言绝句，见其所著《玉茗堂全集》诗集卷十三。上揭史料的主角丁元荐，则系浙江长兴人，明万历十四年（1586）进士，为人慷慨，颇有气节。从他的吟诗自况中可以看出，在当时人的心目中，徽州不啻为"贪泉"第二。此外亦说明——早在明末，汤显祖的那首诗便已为世人所传诵。

临川诗中的"黄白"二字，有两个含义：一是实指徽州境内的黄山和白岳；二是比喻金银，所谓黄白之物。从表面上看，"黄白游"与追逐"金银气"相提并论，遂使黄山白岳之间的徽州，染上了一股铜臭味。但其实，"黄白游"曾是晚明时期中国社会独特的一种社会现象。要理解这一点，首先应从黄山、白岳在中国名山体系中的崛起谈起。

今人常说："五岳归来不看山，黄山归来不看岳。"黄山在当代的名山体系中似乎是唯我独尊。不过，在中古时代，黄山只是默默无闻的一处小山。在唐代，它被人们目为"小华"，以其"颇类大华，因目为小华山"。所谓小，就是以小傍大，以无名攀附有名。如上海最早叫"小苏州"，因为苏州当时是一个府级的治所，且为时尚之都，而上海则不过是松江府下的一个滨海小县而已；待近代上海崛起之后，名气陡增，苏州则相形见绌，遂反被称作"小上海"了。以此类推，"峰簇莲花小，分明似华山"，当时的黄山，在中国尚无独立的地位。而黄山之崛起，与徽商的兴盛、徽州意识的抬头密切相关。

一般认为，明代中叶以还，徽商以整体的力量登上历史舞台，16世纪初以后，作为专有名词的"徽商"一词，开始为世人耳熟能详。商业上的如日中天，财富上的囊丰箧盈，遂使徽州人的群体意识日见高涨，这一时期，出现了大批以徽州一府六县为单位编修的文献，如谱牒方面，重新整理了《新安大族志》，编纂了《新安名族志》《休宁名族志》等，进而统一划定了徽州名门望族的标准。此外，《徽郡诗》《新安文粹》《新安文献志》和《新安山水志》等，亦以徽州府为范围，搜罗一府六县的基本文献；而宗教科仪汇编《祈神奏格》之出现，从许多方面制定了徽州礼俗的基本规范，对于此后"徽礼"在长江中下游一带的流行，亦有推波助澜之力。凡此种种，都从诸多侧面折射出徽州意识的凸显。从17世纪初编纂的万历《歙志》来看，总体而言，明代中后期的徽州，是个在各方面均努力向着江南核心地带靠拢的地区。

在当时，苏州是江南文化的渊薮，"苏人以为雅者，则天下雅之；俗者，则天下俗之"。各地人群在叹赏苏州精致文化的同时，亦难免别有一番滋味在心头。明代旅行家、福州人谢肇淛即曾不平则鸣："天下丘壑，无如闽中之多者，即生其中，不能尽识也。……吾闽城内外诸山皆有之，但无好事者搜剔之耳。山川须生得其地，若在穷乡僻壤、轮蹄绝迹之处，埋没不称者多矣。如姑苏之虎丘，邹之大峄，培塿何足言？而地当舟车之会，遂令游咏赞赏，千载不绝，岂非有幸不幸耶？""培塿"也作"附娄"或"部娄"，亦即小土丘之义。谢氏的此番言论，似乎颇有几许感慨人生际遇的言外之意。不过，从字面上看，他的意思是说——苏州的虎丘，不过是一座小土丘而已，只是因为它地当京杭大运河的交通要道，身处要津者易成名，故夤缘际会而成天下最负盛名的景点之一。在谢氏看来，自己家乡福州城内外，有许多山峰景色极为壮丽，只是僻处荒陬，没有文人墨客游咏叹赏，故而默默无闻。受此刺激，谢肇淛回到家乡后，曾花了很大气力，编写过好几部有关福州山水方面的专志，力图将八闽山水推介给世人。不过,其效果似乎并不如意。

其实,人同此心,心同此理,不少徽州人也有类似的心理,清初赵吉士就曾有"谁不说俺家乡好"般的强烈情感:

> 乡人归,每艳称某郡某邑某山之胜,某郡某邑某山之奇,问其上天都、莲花,未有也;问其游石门、陟绣岭、探黟祁诸胜,未有也。新安极山水之奇,远者不过四五百里,近不过数十里,而乡人以逐逐于外,竟皓首未之至,良可叹也!夫黄海罗峨眉、郁林之奇,齐云具太和、天柱之秀,大鄣有匡庐、衡、霍之滀奥,桃源肖太白、少华之峻拔,川回潆折,岩窦险怪,十步、五步之内,变态万状,每令人一见,辄终日不能去,而岚光波色,飞舞流送,有双睫应接不暇者。忠孝奇伟之士,代不乏人,而方技术艺之末,亦往往擅绝于世,岂非灵秀之气,得山川之助哉!

在这里,赵吉士眉飞色舞地历数了徽州的名胜。他的这段文字,是感叹不少徽州人外出务工经商归来,时常艳称别处的山川之美,却从来没有到过徽州境内的名山大川。在他眼里,徽州之黄山、白岳等实际上集天下的美景于一身,徽州的人文荟萃,也与这种山川灵气密切相关。赵吉士的这种自信,实际上源自明代中叶以来徽州士大夫孜孜不倦的努力。

二

清初张潮在《歙问小引》中提及：

王弇州先生来游黄山时，三吴、两浙诸宾客从游者百余人，大都各擅一技，世鲜有能敌之者，欲以傲于吾歙。邑中汪南溟先生闻其至，以黄山主人自任，僦名园数处，俾吴来者，各各散处其中，每一客，必一二主人为馆伴。主悉邑人，不外求而足。大约各称其技：以书家敌书家，以画家敌画家，以至琴、弈、篆刻、堪舆、星相、投壶、蹴鞠、剑槊、歌吹之属无一不备。与之谈，则酬酢纷纭，如黄河之水注而不竭。与之角技，宾时或屈于主，弇州大称赏而去。

文中的"弇州先生"，也就是苏州府太仓人王世贞。王氏以复古号召一世，为当代的文坛盟主。而另一位主角"汪南溟"即汪道昆，徽州府歙县人，嘉靖二十六年（1547）进士，官至兵部侍郎，因世贞亦曾任此官，天下遂有"两司马"之称。在16世纪，两司马同为文坛祭酒。而《歙问小引》中的这段史料，便将两人列为主角，以徽州歙县为其活动背景。这个故事说的是王世贞与汪道昆各带一班人马粉墨登场，他们在书、画、琴、弈、篆刻、堪舆、星相、投壶、蹴鞠、剑槊、歌吹等各种技艺方面相互角力，结果，三吴宾客有时还要甘拜下风……

这个故事中的两个主角,具有极为重要的象征意义,王世贞无疑是引领时尚的江南士大夫之代表,而汪道昆则是新兴的徽州文化之领军人物。后起的徽人有资格以吴人为对手,在"生活的艺术"方面与后者捉对厮杀,甚至还略占上风,无疑极其耐人寻味。不过,这一令徽人扬眉吐气的精彩故事,极有可能只是徽州人刻意杜撰出来的情节。对此,当代艺术史家汪世清先生即据《汪司马年谱》认为——王世贞一行曾至徽州与汪道昆等相聚论艺之事实属子虚。倒是文中有汪道昆"以黄山主人自任"一语,殊值得我们注意。

将近二十年前,台湾学人林皎宏发表过一篇《晚明黄山旅游的兴起》,该篇论文对黄山开辟的过程做了细致的探讨。他指出:晚明时期,在一批风流自赏的文人雅士之推动下,黄山被一步步地推上了"海内第一山"的地位。而这一过程,历时仅仅不过数十年间。其中,尤其需要特别指出的是汪道昆和潘之恒二人。汪道昆是歙县西乡的松明山人,自其祖父起开始弃农服贾,在长江中下游各地从事盐业经营,是当时颇为富有的商贾之家。在明代,富裕的盐商在囊丰箧盈之余,多努力培养子弟读书。汪家亦不例外,汪道昆颖敏力学,于嘉靖二十六年中了进士,此后,历任南京工部主事、襄阳知府、福建副使、右佥都御史、兵部左侍郎等职。其人博学多艺,以诗文名海内,极为士林所推重。当时海内征文者,"不东走吴,则西走新都"。"新都"也就是徽州府的古称。万历二年(1574),汪道昆归养歙县之后，文人墨客前往拜谒者络绎不绝。汪道昆以"黄山主人"自居，遂使原先默默无闻的黄山，其名声逐渐在士人中辗转传播。万历二十一年（1593），汪氏病卒于乡。此后，另一位儒商接着成了"黄山东道主"，此人就是潘之恒。潘之恒系歙县岩镇人，亦出身于徽商家庭。其人风流倜傥，交游极广，在他的招引下，前来徽州者亦穿梭不绝，另外，潘之恒还呼朋引伴，同探黄山之奥，并亲自参与黄山的开辟工作。他所著的《黄海》一书，成了黄山山志之滥觞。在此背景下，黄山更是声名远扬。万历四十六年（1618），著名地理学家徐霞客登上黄山，他写道："薄海内外无如徽之黄山。登黄山，天下无山，观止矣！"至此，黄山成为海内第一名山。

至于白岳，也就是齐云岩。齐云岩作为道教圣地，始于唐代。及至明代，道教活动日趋兴盛。嘉靖十一年（1532），世宗皇帝派遣道士前往齐云岩建醮祈嗣，果获灵应，遂赐此山名为"齐云山"。自此，齐云山道教进入了极为兴盛的阶段。万历十五年（1587），齐云山已成为东南"名岳"，出现了"奔走海内如市"的现象。对此，明代另一位地理学家王士性在《白岳游记》中指出："……世所称玄都奥区者，惟白岳、黄山最胜，二山并峙争雄……"他的《白岳东天门》诗曰："东南有名岳，沿流探其胜。丹崖挹晓氛，紫霞落飞灯。"齐云山与黄山一样，也成了东南之"名岳"。

齐云山

三

黄山成为"海内第一山"以及齐云山之兴盛，给徽州带来了重要的影响。一方面，这极大地提高了徽州在世人心目中的地位，但在另一方面，也给徽州社会带来一些负面的影响。对此，明末时人江天一就撰有《黄白讎》：

黄山、白岳峙余郡万山中，如静穆老人，匿迹穷谷，非尘士所栖，近为四方缙绅游屐，践踏殆甚，凡欲至吾郡者，多托黄山、白岳游，至则聚集有司，为贾市而已。老人亦不怒，但作谐语云：诸君果为我来乎？游者墨墨，急趋下山麓，沿溪壑去，"唐突山灵"四字，何足以尽之！

江天一为徽州歙县人，是明清鼎革时与抗清英雄金声共同就义的著名文人。《黄山雠》之"雠"是应答的意思，诚如《诗·大雅·抑》中的"无言不雠"，《黄白雠》，也就是黄山和白岳的应答。该段《黄白雠》，实际上是对"黄白游"的一种诠释。在这里，江天一说——黄山白岳在徽州的万山之中，像是一位安静肃穆的老人，隐居于深山穷谷，那里不是俗人居住的地方，但最近却被来自全国各地的士大夫所践踏。凡是想到徽州的人，大多是托名到黄山、白岳来游览，但他们到了以后，却聚集在官府衙门里做交易，对于这种情况，黄白老人也不生气，只是调侃说：各位果真是为我而来的吗？游者匆匆忙忙，急吼吼地下山而去，此种行径，即使是用上"唐突山灵"四个字，也无法完全概括。

这是以"黄白老人"的口气，对晚明时期的"黄白游"现象加以讽刺。此外，江天一另作有《黄山寄远方士大夫书》，亦以拟人的口吻，对四方缙绅士大夫"黄白游"之丑陋行径，做了进一步揭示。其中也提到：明代中叶以后，四面八方的士大夫，将徽州视作奇货可居，凡是与徽州利益攸关的，都无不将之文饰为黄山游。他们认为此山有金银气，以至于蒙蔽了黄山的真面目。接着，江天一又提及黄白游给徽州带来的影响：

……独怪此数十年来舟车不绝于城闉，有司供命而罔暇，未尝不曰蜡黄山屐也。而搜括孔殷，民情畏匿，随行末伎游食之徒，以及狡僮猾役，境中无赖附籍，又起风波而种荆棘，如樵者不童其山不止，以此廉吏不得全于其间，而贪墨因之互市。盖一游客，而破中人十家之产者恒数十倍，井里凋瘵，怨咨载途，莫不曰此"黄山游"之所致。因归罪黄山。小民伺望于府县之门，见一远客至，即曰：此当挫黄山一峰，此当塞黄山一壑。嗟乎！黄山何罪耶？假子之名，盖君之过，君不顾我之名亦已矣，独不念徽人困阨甚乎？即有盖藏，难供此焉之耗竭。况年来水旱疠疫，不下各境，而徽人积贮，什九贸易于外，流氛所破重地，皆吾徽富商大贾辐辏，又十去六七，昔也饶，今杼空室罄，实穷乡矣。

这是以黄山老人的口吻指出：数十年来，徽州城里舟车不绝，当地官府有司忙于应付。为此，搜刮民脂民膏极为频繁。因为这个原因，廉洁的官员难以在徽州生存，而贪墨之风大行其道。一般民众竭蹶困窘，百姓怨声载道，无不说是这黄山游所致，而归罪于黄山。特别到了明末，当地各县水旱疠疫频仍。而徽州人的财富，绝大部分都在外地运营，明末流寇横行，他们所残破的那些重地，又都是徽州富商大贾聚集的地方，因此所受的影响极大。在这种背景下，虽然以往徽州相当富饶，但到现在则极为空虚，实际上已成了穷乡僻壤。这一段话，更细致地描述了那些文人士大夫借黄山游打秋风的情形。在此，江天一借黄山老人之口，表达对于"黄白游"的深恶痛绝。指出：这些人来到徽州，对于当地的官府、百姓都造成了巨大的压力。

读完江天一的文字，再回头看汤显祖的那首诗。上揭的临川诗，题目即作《吴序怜予之绝劝为黄山、白岳之游不果》，所谓乏绝，是指"穷乏"之意。汤显祖说："欲识金银气，多从黄白游"，显然是对同时代士大夫"黄山游"行径的客观描述。明代中叶以后，由于徽商的如日中天，徽州相当富庶，各地的文人士大夫纷至沓来，明的是旅游，实际上是到皖南打秋风，让徽州当地的官府和富商款待他们，所以说"欲识金银气，多从黄白游"——要见识富得流油的遍地金银气，大多要到黄山白岳之间去游览一番。诗的后两句"一生痴绝处，无梦到徽州"则是说：尽管徽州是令人向往的地方，但自己不会与那些士大夫一样前往徽州去追逐"金银气"。从这一点来看，汤显祖的这首诗实际上不是在鄙视徽州，而是反感那些士大夫的行为。

四

对于临川诗，清初歙县潭渡人黄璂就作有《黄山白岳歌》，其诗原注云：

偶阅汤若士先生一绝云："欲识金银气，多从黄白

游。一生痴绝处,无梦到徽州。"因此作歌,以叹其高,且为山灵解嘲云。诗云:

黄为山,白为岳,灵区绝境天所作。黄者金,白者银,动心骇目俗所云。

新安宿称好山水,自昔名流得之喜,岂知今之守令反攒眉,所苦秋风刮人耳。

无端我郡山以黄白称,致令慕膻之辈群向此中行,干谒有司盛嘱托,纳交巨室相逢迎。

彼之黄白其实,此之黄白其名,岂不辱我泉石、污我山灵?

临川先生汤若士,罢官林下贫似洗,一生无梦到徽州,其人其品可知矣。

先生本具丘壑姿,独发此语真似痴,山中若得斯人至,必有石破天惊绝妙辞。

噫吁嘻!黄山白岳,游者接屣。先生若至,能令公喜。(《歙事闲谭》卷二)

黄瑜亦称黄白山先生,为晚明庠生,鼎革之后一意著述,所著《字诂》《义府》等著作,开乾嘉朴学之先河。在诗歌中,作者对汤显祖的人品表达了敬佩之意。从黄白山之描摹中可见,汤显祖的那首诗,显然与明代中叶以还的"黄白游"密切有关,它所表达的意思,与江天一的记载颇相吻合。

不过,关于临川诗,此后的徽州人却有着不同的解

读。清康熙年间,徽州乡土史家赵吉士在所著《寄园寄所寄》中就指出:

> 徽山有黄山、白岳,水有练溪、新安江,勋贤有程忠壮、汪忠烈,正学有朱徽国。以下文章节义,自吴少微以及全正希,代不绝踵,而世顾目之曰"徽人"、曰"朝奉"若而人者,非"徽人""朝奉"耶?况黄山、白岳灵奇甲东南,胜朝重科名,亦有兄弟九进士、四尚书者,一榜十九进士者,乃风雅如汤临川先生,亦不精察,有诗曰:"欲识金银气,多从黄白游。一生痴绝处,无梦到徽州。"得毋贻笑山灵?

赵吉士是康熙《徽州府志》的主纂,在这里,他认为:徽州的山水,有黄山、齐云山,有练江和新安江。著名人物,有程元潭、汪华那样的勋贤,有朱熹那样的理学名臣等。文章、节义,从唐代的吴少微到明末清初的金声,每朝每代都不缺乏。当地科举蔚盛,有"兄弟九进士、四尚书",有一榜进士中,徽州人中了十九名的。如此辉煌的地区,却没有给人留下多少深刻的印象。当时,世人将徽州人称作"徽人",称作"朝奉",也就是只看到他们的商贾气息。甚至连风雅的临川先生也不加细察,竟然吟出"欲识金银气,多从黄白游。一生痴绝处,无梦到徽州"这样的诗句,讽刺徽州人重利盘剥,徽州的山川具有金银气。

在这里，赵吉士认为汤显祖的这首诗具有讽刺意味，这实际上折射出徽州文人对于本地形象的担忧。毕竟，从明末丁元荐的吟诗自况来看，在世人心目中，徽州犹如另一个"贪泉"之所在。在《寄园寄所寄》上引资料的前一段，赵吉士又说：

徽地瘠人稠，往往远贾以逐利，侨居名都大邑；天下之与吾徽人接者，几尽疑为膏腴中人，遂使徽之孤寒士，辄不欲以徽人称。不知深山穷谷中，冻饿穷经，虽三公莫足易者，唯吾徽大有人在也。

他这里是说，因徽商外出经商，以致全国各地的人都以为徽州人皆是富人，所以一般的徽州人，都不愿意对外透露自己的徽州身份。而将徽州境内的黄山和白岳称作"黄白"，亦让徽州人颇感担忧。清代前期，随着扬州等地的徽州盐商之如日中天，徽州的整体形象发生了极大的改观。以地名的嬗变为例，一方面，贾而好儒的徽州人运用一些诗歌典故，雅化了诸多粗鄙的原始地名，而在另一方面，新出现的一些地名，亦不经意间流露出暴发户的心态。晚清民国时期歙人许承尧曾说过："邑诸山多以金名，金竺有二，其他瑞金、灵金、紫金、富金、贵金，取义皆不可知。"此种现象应始于清代前期，对此，乾隆时人吴梅颠的《徽城竹枝词》曰："诸山多把金为号，夜气何尝耀眼飞。"可见，将境内诸山冠以"金"字，至迟应始于乾隆年间。此一时期，正是徽商如日中天之际，"世人多金挥不足"（［清］袁枚《随园诗话》卷一），大批"金"字山名之出现，与扬州盐商臂缠金镯以炫耀财富的做法，可以比照而观。在此前后，徽州人对于临川旧诗出现异议，显然与此背景有关。他们之所以反复诠释汤显祖的诗句，实际上是出于对徽州重赋的深深忧虑。关于这一点，只要看一下赵吉士的康熙《徽州府志》对该州的刻意描述，即可明了其中的道理。赵吉士在府志风俗部分中指出：

> 徽之山大抵居十之五，民鲜田畴，以货殖为恒产。……贾之名擅海内，然其家居也，为俭啬而务畜积，贫者日再食，富者三食，食唯馇粥，客至不为黍，家不畜乘马，不畜鹅鹜，其啬日日以甚，不及姑苏、云间诸郡，产相十而用相百，即池阳富人子，犹不能等埒，而反以富名，由为贾者在外售虚名云。（徽人居于维扬、苏、松者未尝贫，但其生平不一至故乡，而居徽地者反受富之名，不惟贫民，并官于兹土者，亦且累于地方之虚名，留心民瘼者，尚其念之！

在康熙《徽州府志》中，每一卷之末都有"赵吉士曰"，也就是赵氏的评论和感慨。从中可见，赵吉士对于家乡的富名是忧心忡忡。在这里，他反复强调，徽州人的日常生活极为俭朴，那些富裕的商人，都是居住在扬州、苏州、松江各地繁华都会中的富商大贾,他们与徽州本土毫无关系。但正是因为他们富名在外,才拖累了徽州本土。

此后,不少徽州人都对汤显祖的诗歌颇为反感。乾隆时代歙人程埰(读山)诗云:"旅人黄白家何有,理学文章山水幽。玉茗失词难驷及,竟将金窟视吾州。"这是指责汤显祖将徽州视作"金窟"实属误解。该诗原注曰:

> 前明士大夫,鹜于文酒诗社之事,吾乡人情俗尚敦厚,故投赠独优,不知者误以为富。虽汤义仍先生尚有诗云:"欲识金银气,须为黄白游。"不知吾乡山水甲天下,理学第一,文章次之;人知节俭,有唐魏之风;俗尚骨鲠,耻旨韦之习;且硗确少田,治生维艰,实最窭地,所谓素封,皆乡人之业醝于淮南北者。本州如洗,实不足当此虚名也。(见许承尧《歙事闲谭》卷六《为黄山寄远方游客书》)

这是说,明代文人士大夫诗文唱酬,过从甚密,由于徽州人情敦厚,对于来访者的款待特别优厚,以至于不明就里者误以为徽州非常富有,汤显祖遂有"金银气""黄白游"那样的诗歌出现。实际上,他们不知道徽州的山水之美甲于天下,理学和文章都相当可观。而且民众颇为节俭,亦很有骨气。徽州土地贫瘠,治生相当困难,原是极为穷困的地方。所谓"素封",是指那些在扬州、淮安一带从事盐业的徽州盐商。至于徽州本地则一贫如洗,实不足以当"金银气"那样的虚名。

揆诸史实,对于汤显祖诗的另类解读,实际上源于徽州士人对于因富名而引发的重赋征课之隐忧。早在明代,自隆庆年间迄至万历初年,徽州府就发生过一起"丝绢分担纷争",即歙县和其他五县(休宁、婺源、祁门、黟县、绩溪)之间围绕着作为税粮项目之一的丝绢八千七百余匹(折银六千余两)应当如何负担的问题而发生的纷争。歙县为徽州附郭首县,富甲天下的扬州盐商,又以出身歙县者为数最多,故而按理应由六县平均分担的人丁丝绢,竟然是由歙县单独负担,这就是"人怕出名猪怕壮"的道理。此种痛苦的记忆,想来留给徽州人的印象至深。程读山是乾隆时人,他对汤显祖诗的诠释,也是说诗歌贬斥徽州人市侩气重,其潜意识中,亦是担心由此引发的重赋征课。

综上所述,了解了晚明时人对"黄白游"和"金银气"之看法,就不难理解此前聚讼纷纭的汤显祖徽州一诗。其实,汤显祖的"欲识金银气,多从黄白游",只是指出了当时的一种现象,本意并没有讽刺徽州的意思。而清代前期徽州人之所以对此颇多反感,不断地予以重新诠释,实肇因于对盛清时代社会上对徽州人的总体印象以及对重赋的隐忧。

(原刊《读书》2012年第11期)

白杨源

一

明清以来，徽州歙县南乡分为"水南"和"旱南"，大体说来，水南是指新安江沿岸一带，而旱南则指南乡偏离新安江的那些地区。传统时代，水南最主要的交通要道自然是新安江，而旱南主要的交通路线则约略相当于民国以来的杭徽公路。前者在晚明的商编路程图中题作"徽州府由严州至杭州水路程"，而后者则为"杭州由余杭县至齐云岩陆路"。上述两条水、陆路程，均见于明末清初侨寓杭州的徽州出版商"西陵憺漪子"所编纂的《天下路程图引》。后者如果是由徽州府附郭（歙县县城）出发前往杭州方向，途中历经浙江省昌化县和余杭县，民间俗称为"走余杭"。该交通道路沿途，迄今仍分布着不少徽州著姓。而《徽州传统村落社会——白杨源》（以下简称《白杨源》）一书聚焦的地方，即位于此一交通路线之西北，地势四周高、中间低，其间有一条通往邻县绩溪的商道——歙绩古道。该商道之重要性虽然与前述徽杭之间的主干道不可同日而语，但它却是白杨源内外最为重要的商道。沿着这条古道，周遭盆地散布着各姓的居民，形成自成一体的小区域社会。从作者吴正芳的描述来看，当地的族姓分布，基本上也就是"杭州由余杭县至齐云岩陆路"歙县段族姓分布的一个缩影。由此想来，白杨源虽然只是极小的区域单元，但它却是歙县乃至整个徽州一个具体而微的小社会。

白杨亦作"白洋"，古称白杨里。从地名的发育形态来看，这一带现存的一些地名颇为原始，如上祈村、方祈村等，其中的"祈"字有时亦写作"祁"，通"圻"，都是"地界"的意思，此类地名至少可以上溯至唐宋时代，是古

白杨源

徽州最早的地名命名方式之一。此外，与明清以来徽州地名变迁之总体趋势类同，当地亦出现了一些雅化的地名。

所谓雅化，是地名学上反映地名变迁的一个概念，也就是由"鄙野"、粗俗之地名转化而为"文雅"的地名。在传统徽州地名的雅化中，除了具有诗文典故的地名之外，以"川"字作为雅化字词，亦属最为常见的一种方式，这主要是因为"川"字的地理内涵，不仅适合多山地带的地貌特征，而且还与"川"字本身在中国文化中的意蕴有关。正是由于"川"字丰富的内涵，使它成为"近雅"的徽州人在地名雅化中最为常用的一个字。在白杨源，有大批以"川"字命名的地名，这与徽州雅化地名多使用"川"字的总体特征亦相吻合。

当然，除了徽州区域发展的共性之外，白杨源亦明显呈现出自身的特色。其中最大的区别在于——与盐、典巨商麇聚的歙县西乡及水南的雄村、岑山渡一带不同，白杨当地出现的商人主要是些中下层的徽商（特别是以小本起家的小徽商），这一点，即使是与邻近的杭徽公路沿线之大阜、北岸一带亦颇有差别。

二

自 2008 年起，法国学者劳格文（John Lagerwey）教授主持一个有关徽州宗族、社会与经济的研究项目，该项目计划通过与徽州当地人士的合作，做类似于此前他在客家地区所做的调查（其具体成果为三十卷本的"客家传统社会丛书"，法国远东学院、香港国际客家学会，1996—2006年）。该项目的基本方法是以田野调查所获的口碑和地方文献，尽量客观地描述1949年以前徽州的传统经济、民俗与宗教。根据他的设计，在对一地做研究时，除了首先了解此处的地理位置、人口、历史、姓氏以及当地对风水的基本认识之外，还应当对宗族、经济和民俗三个方面做细致入微的考察。该计划拟根据口述史料，出版"徽州传统社会丛书"。我们最早物色到的一位作者，即来自歙县白杨源。

这位名叫吴正芳的白杨源人，是当地的一位退休老干部，他按照要求撰著了二十余万字的《白杨源》一书。该

在白杨源的田野调查（左一为吴正芳，左二为僧木林，右一为劳格文）

书从白杨源的历史渊源、人文环境、宗族社会、岁时节日、婚丧喜庆、遗风杂俗、经济生活以及文化教育等诸多方面，对白杨源传统村落社会做了几近全景式的刻画。作者生于斯长于斯，对于乡土社会的一草一木如数家珍，娓娓道来。书中还插有二十余幅图，这些绘图从诸多侧面，为我们勾勒出白杨源的基本面貌，颇为形象、直观。其中的一些图幅，不仅给人以直观的印象，而且还具有较高的资料价值。譬如，自明代以来，徽州就是一个宗族社会，因文献记载的详略不同，此前学界对于祠堂有着较多的了解，但对与此相关的"家堂众屋""香火屋"及其与文会的关系等所知甚少。而从吴正芳的描述及其相关图幅，可以较为清晰地看出乡村基层组织的多样性与复杂性。还有一些图幅也颇为细致地反映了寺庙的空间分布及其内部结构。此外，吴姓"猪羊祭祭堂示意图"、"上村六月十九观音醮人字祭坛示意图""六月十九观音醮游行示意图""清明节族祭祭场示意图"和"'瞎子会'神坛示意图"等，则揭示了徽州的祭祀以及相关的迎神赛会之场景，此类图幅颇为珍贵，因为其中的一些细节，极少见诸其他文字的记载。以观音醮为例，乾隆时人方西畴的《新安竹枝词》有：

> 观音大士著慈悲，
> 诞日烧香远不辞，
> 逐队岑山潜口去，

相随女伴比邱(丘)尼。

此处的"岑山",位于新安江畔水南的岑山渡一带,而"潜口"则指歙县潜口(今属徽州区)的观音山。另外,与此差不多相同时的佚名《歙西竹枝词》也有:

灵钟潜口紫霞山,
梵宇幽栖云雾间,
都说观音能显圣,
□灾处处接慈颜。

上揭的两首竹枝词,都反映出在民众心目中,潜口的观音大士极为灵验,因此前往顶礼膜拜者相当不少。根据潜口人汪大道老先生的讲述,旧时潜口有"吃大王,卖观音"之谚,说的是歙县南乡人虔信潜口观音大士,他们时常派人前去求神拜佛。届时,在潜口买张观音画像,祭拜后灌一葫芦泉水,再张开雨伞,将像挂在伞内,回家后挂起画像,供善男信女祭拜。倘若祈祷有所灵应,则要再度前往潜口送匾还愿——这是对歙西与歙南民间信仰之互动所做的一个概括性描述。而在吴正芳书中,不仅有观音醮的详细文字表述,而且还附有观音醮人字祭坛及游行示意图,极为具体而生动。此外,书中还有寿庆酒席摆设、幛联悬挂、喜酒安席以及"棺材内饰示意图""清明节金银冥袋书写式样"等,这些都为我们细致展示了白杨一带的婚丧祭祀惯例及其相关习俗。

通观全书,其中对于徽州民众日常生活的不少描摹均颇为生动,为民间社会的世相百态提供了相当丰富的细节。譬如,李王是江南的一个重要神明,苏州娄门等处即有李王庙,根据日本学者滨岛敦俊教授的研究,江南的李王原是吴兴(湖州)长兴县的土神,元末时已受到民众的广泛信仰,后来逐渐演变而为与保护海运、水运有关的神灵。辑自《永乐大典》的洪武《湖州府志》中,就有对李王庙的一段描述,从其中提及的"威济侯""忠正王"之类的敕额可以确认——江南的"李王"亦即徽州的"李王"。而在徽州,歙县大阜有李王祖殿,这在不少宗教科仪中均有提及。20世纪50年代在歙县岩寺(今属徽州区)一带发现的一批木版年画中,就有"李王尊神"的纸马,这从一个侧面反映出,李王在歙县民间有着广泛的影响。当时,侨寓异地的徽州人无论是返乡还是归家,往往都要到李王庙行香。而在与大阜近在咫尺的北岸,也留有祭祀李王的科仪,此一科仪提及当地人的诸多祈愿,其中的重要一点便是"懋迁蒙吉利,喜捆载以回乡"。这些,显然与当地有大批人外出务工经商密切相关。另外,大阜当地有一份《正月祭神文》,记录了正月某日祭拜的"佑群黎之安吉"的"满座神灵",包括汪公、李王、关帝和社公等,其中提及:"分娩无虞,伏李王之济惠",这反映了歙县南乡民间更为基本的现实需求。对此,徽州启蒙读物《逐日杂字》中,亦有"接李王,许香愿,子母安全"

的描摹,可以与之比照而观。关于李王在孕诞习俗中的功能,清乾隆时人吴梅颠的《徽城竹枝词》中有一首诗这样写道:

坐蓐临盆莫浪惊,
护持产母记分明,
麻油鸡子沙糖酒,
粥煮沙(砂)锅干苋羹。

"坐蓐"亦即坐月子,原指妇女临产及产后一个月内的休息调养,但此处与"临盆"一词连用,显然是指妇女临产时的饮食风俗。根据吴正芳的描述,白杨人认为"李王菩萨特别喜欢吃产妇吃的那种酒酿烧油煎鸡子饼,故特别能保佑孕妇母子平安",因此,家庭条件较好的人家,都要请亲族亲房到庙里将李王菩萨请到家中供奉,不接请的人家,也要到庙中祭祀,以祈求神灵保佑。对此,另一首歙县竹枝词这样写道:

八月一日拜李王,
酬还心愿老婆香,
谁人不喜生男女,
保产何须好药方?

证之以吴正芳的描述,可知诗歌的真正意涵——旧时

社屋

妇人生育遇到难产时，就要恭请李王。届时必须燃香，通常是将李王菩萨神像抬进产房，用李王的脚在产妇肚上踩三下，据说这样可以让麟儿顺利降生。根据吴正芳的调查，白杨新桥头的九月十三，与昌溪七月的八老爷庙坦会以及北岸八月一日接李王菩萨，为歙县南乡最有名气的三大庙会。在《白杨源》一书中，吴正芳对当地的李王庙及李王的相关信仰，做了颇为详尽的描述，让我们对此有了较为全面的认识。

三

《白杨源》一书，对于当地的民事惯例、民间习俗，做了多角度的细致解读,其间穿插讲述了不少有趣的民间传说,这使得我们对于特定地域、特殊历史情境中乡民的朴素情感,多了许多同情的理解。以婚姻为例,吴正芳讲述:当地女孩长到八九上十岁,男孩长到十一二岁,男方父母便会托人物色合适的人选,一旦相中,则先"合八字",再做定夺:

  合八字,亦称"问名",白杨也将此称作"换帖"。……就是将男女双方出生年、月、日、时,以天干地支指代的写法,写在一张长条形的深桃红色小纸上,所以又叫"八字年庚红单"。双方的"八字红单"都压在灶爷前的香炉下(即炉灶烟囱阶级上的香炉)。如果三日之内,双方家中(特别讲究的是男方),没有发生诸如小孩跌破脑壳、打碎碗盏、相互拌嘴、鸡犬闹病等不顺心的事儿,便被认为是吉利,婚事可以续谈。如果发生了不顺心的事儿,婚事就免谈。如果顺心吉利,男方父母就请算命先生对男女双方的生辰八字进行推算,俗称"排八字",看看是否相宜、有缘。如果八字排得通,则皆大欢喜,婚事又接着续谈。如果八字排不通,男方就将女方的"八字红单"让媒人退还女方,婚事免谈。

  其实,旧时婚姻都是"父母之命,媒妁之言",只要门当户对,媒人斡旋,父母满意,无论什么样的"八字",终究都是会"成眷属"的。俗话说,"十女九不真,改命做夫人",其实若所谓八字排不通的,只要父母同意，十有八九都会在请算命先生排八字时，将生辰八字做些改动后再行完婚。白杨人婚事中"明不细说"的"手脚"，足以证明。譬如，在排八字时若排出"女方克夫"，出嫁时女方则可穿上七条麻布裙；又如，排出的八字"女方叉公叉婆"，则迎亲之日新娘进门时，公婆应避而不见；再如，属相克，就压一岁或拔提一岁。如此等等，都可以"弥补"八字之不合，而最终避祸消殃终成眷属，皆大喜欢。俗话讲："媒人婆，骚滴嗒，大路不走走草滩，说谎谎说害人家，没媒可做就饿煞。"

书中提及的各种禁忌、规矩，以及与此相关的化险求吉之破解方法，散发出浓郁的乡土气息，从中可见普通民众高度的智慧与包容性。

又如，婚礼中的吃"三盘"亦颇为独特："男方将新娘迎娶进门，传袋送入洞房后，先由新郎用秤杆掀去新娘的盖头，然后开始吃'三盘'。'三盘'是指猪鼻子、猪尾巴和小肉包。吃三盘是个制度，昔俗称吃了猪鼻子，新郎、新娘往后日子就会夫唱妇随，一个鼻孔出气；吃了猪尾巴，新郎、新娘就会长相守，不离不弃；吃了肉包子，新郎、新娘往后的日子就会殷殷实实，圆圆满满。其实，吃三盘的真正目的还是让新郎、新娘相互认识。……是让新郎、新娘互相熟识的一道程序。"

此外，书中对祠堂运作制度以及传统村落的社会控制之描述，即使在今天看来，其中的某些管理方式，似乎亦显得颇为民主，而这，也得到了现存村落会议录等相关文献的印证。书中对索面制作工艺，白杨源独特的代用币——子码流通，以及放门香（即放蒙山）、传袋等的描摹，均相当细致、生动。该书还引证了一些文献史料，颇足反映徽州民俗之嬗变，从中折射出时代的变迁。如抄件《北岸秋桂（即秋圃）来信底稿》，讨论了"男续弦，女再醮，同姓为婚"的问题，其中提及晚清民国时期同姓同宗之间的联姻，生动反映出传统徽州社会在19、20世纪之交的深刻变化，而这应当可以成为妇女史和婚姻史方面的珍贵史料。书中提及的"婚丧喜庆佣工之酬劳饭食赏贺"，也相当细致、生动，这与旅外徽商所编写的商业书中之记载，可以相互印证。此外，在清代的江南，"新安人子于父母已故，犹作冥寿，明灯彩筵，借口祝嘏"，这让许多外地的正统乡绅甚感骇异，而此种"贺阴寿"的做法，也可以在白杨源找到踪迹。凡此种种，也都反映了徽商与徽州本土千丝万缕的联系。

书中的一些描述，还为我们提供了进一步探究的基本线索。譬如，笔者手头有一册抄本《居乡里》，其中有《做卦》诗，曰：

> 瞎子先生却有由，遵其鬼谷吉凶求。
> 六爻卦例分高下，三个金钱定咎休。
> 生克合冲宜细断，孤虚旺相尽参谋。
> 文王卜筮无差错，省破机关自转头。

《居乡里》一书是辗转传抄的民间文献，它以极为简洁的语言，状摹了晚清民国时期徽州社会上的三百六十行。而上揭的这首诗，显然是反映当时活跃在民间为人打卦的"瞎算命"。此类生活在社会底层的边缘人群，在方志、族谱和文集等传统文献中大多被忽略，其具体的生活实态更是完全无从确知。因此，对于"瞎算命"的活动，只能通过徽州当地的口碑资料窥其端倪。数年前出版、由柯林权先生主编的《歙县民间艺术》一书，将盲人琴书作为"民间杂艺·口传艺术"的一部分，做了初步的介绍。他指出：徽州为人算命、占牌的盲人，曾组织王羽善会，尊鬼谷子为祖师，为徽州民众做阳关泰山（求寿）以及赶煞禳灾大法事，俗称"瞎子会"。并说：盲人琴书早在明代即由安庆盲艺人传入徽州，旧时，歙县四乡均有能唱琴书的盲艺人。而在吴正芳一书中的"遗风杂俗"部分，则专对白杨一地清末以来的"瞎子会"，做了相当细致的描述。与柯氏的状摹稍有不同，他指出：白杨一地的瞎子会，以祭祀观音老母为名，通过打醮，为生活无着的瞎子募集善款。书中较为详细地描述了瞎子会的组织、祭堂的布置以及相关运作，并附有一幅"瞎子会"神坛示意图，这些都是颇为珍贵的民间文化史料。此外，如果我们跳脱文章具体、生动的细节描述，再从更大的区域社会发展的背景来观察，此一描述似乎为史家提供了诸多社会历史发展的线索。

众所周知，明代中叶以来，随着中国人口的增长，各地民众的生存压力剧增,出现了以群体力量登上历史舞台的各地商帮,著名的徽商便是在这种背景下出现的。与此同时,在基层社会,也出现了一些民间的互助团体,如在各处交通要冲及城市居民婚丧喜庆场合时呼朋引类、强讨恶化的"花子"(丐帮)。根据我涉猎史籍的粗略印象,在东南各地(另一处典型的例子是在浙江温州)的乡村,太平天国以后此类的"恶丐"活动愈趋频繁。因此,在徽州文书中,有的村落和家族为了应付丐帮的骚扰,甚至还专门编列了开支借以应对。我推测,正是在长期的相互冲突与调适中,各类边缘人群自身亦发生了一些变化,这主要表现为其中的许多人为身份合法化并进而融入地方社会所做的种种努力。或许,歙县等地"瞎子会"之出现,即与此种大的历史背景有关。这当然只是我的一种推论,其间有不少史料上的缺环尚待弥补。不过,白杨等地的瞎子会,显然是民间社会弱势群体的一种互助团体,从目前所见的口碑史料来看,这在歙县、绩溪各地都相当普遍。另外,明代以来,安庆等地的移民逐渐流入徽州,清代发生剧烈土客冲突的棚民问题亦即肇因于此。而由棚民所带来的娱乐方式,也渐次影响到徽州的民间文化,徽剧也正是在这种背景下从草根走向"高雅",经万山之中的皖南走向长江三角洲的繁华都市。与此同时,"穷算命,富烧香",恶劣生存环境下的基层民众,通过盲艺人的推测,殚思竭虑地企望把握住个人捉摸不定的未来。或许正是因为算命对于普通民众是如此重要,盲艺人所带来的娱乐方式亦因而仍然留存于徽州民间,为普通民众所喜闻乐见——这是我们在士大夫撰著的文本中所难以见到的。另外,徽州人视当地的移民圣地——篁墩为"泰山",民间文献中有《篁墩疏》,亦即求寿的宗教科仪(白杨褒忠古寺末代僧人僧木林收藏的一册宗教科仪书中,亦有《泰山疏文》《众事表》《泰山延生表》和《泰山通用延生疏》等)。由上述的诸多方面来看,作为社会边缘群体的自助组织——瞎子会之运作,为我们提供了诸多的线索:明代以来的移民,外来文化的传播,移民与土著的冲突与调适,以及本土民间信仰的发展,等等,都可在此找到彼此的结合点。这可能就是我们必须重视民间口碑资料的原因所在,因为尽管它们有时会流于琐屑、细碎,但常常会在不经意之间,为历史学者提供诸多可供进一步思考的重要线索。

四

当然,民间口碑与文献史料相似,不仅不同的讲者存在着不同的立场,而且,较之文献有时甚至显得更为随意。清代康熙年间,祖籍歙县南乡岑山渡的扬州盐商程庭返乡展墓,他的高祖墓位于歙县杏村,当地离王村不远,里人呼"杏"为"罕","王"为"杨"。这本是方言之讹,但他指出,如果是以官话问人,却很少有人听懂,所以他也不得不以"罕""杨"称之,而自己却觉得十分可笑。

其实，有关"王""杨"乡音类同，在歙县是个极为普遍的现象。白杨源王姓改名以及"王家山下"和"杨家山下"地名之两存、通用，都为此提供了一个新的例子。对此，吴正芳的解释或许可以自成一说。此外，笔者在一册歙南民间文书中，曾见到一副"白杨汪村十月观音对联"，其中有曰：

五柱共输忱香飘紫竹林前初放梅枝刚十月，
九秋才过眼酒醉黄花节后再歌菊部演长春。

这是白杨汪村聘请著名的"长春班"酬神演戏的一副对联。此处提及的"五柱"，亦见于该书中的"白洋上村还五柱观音戏对"。另外，在又一册抄本中，也记载了白杨上村的"五柱观（音）开光请神戏联"："慈像重光，又是一番新气像（象）；宫商续奏，原循五柱旧规模。"根据吴正芳的说法，此一观音是由白杨源所属的汪村、上祈、新桥、西村和上村五个村落共同奉祀的神明。值得注意的是，上揭各书中"五柱观音"之说法，在吴氏笔下则作"五炷观音"。揆情度理，在徽州民间，"柱"是股的意思，五柱对应的是白杨的五个村落；而"炷"则是指香的单位。尽管文字表述可以有所不同，但不同的人都可以有自己个人心目中的诠释。关于这一点，相当耐人寻味，诚如同书中的另一副对联所言：

问观音有此人乎?佛教本来空,但愿把"慈悲"两字,学点皮毛,随便有无休研究;

况戏文是演义耳!世间原是梦,若能将"报应"一词,略微猛省,何烦是否细评论。

此联虽言清语白,但却警心启悟。看来,徽州人并不在意各类宗教的深奥教义,亦不在乎顶礼膜拜的神明是否真有其人,在他们的心目中,"佛教""观音"之虚虚实实并不重要,人们真正关心的是慈悲为怀、因果报应的基本生活态度。这一点,对于我们理解民间口碑与文献史料的价值,同样颇具启发意义。

晚清时期,歙县有一种民间日用类书叫《碎锦预选应酬》,仅笔者手头即有四种抄本。该书未见刊本,其中的

白杨源的古戏台

文字大同小异。而从内容上看,显然是在特定的小地域范围(歙县南乡)辗转传抄而得以在民间流行。这四种抄本中,都收入了《白洋汪宅祭周宣灵王祝文》《白洋吴宅神圣开光祝文》和《白洋吴宅安神主祝文》等,这说明白杨一带的民事惯例与整个旱南都有着密切的关系。

上述的周宣灵王简称"周土",是新安江—钱塘江流域最受崇拜的神灵之一。在徽州,乾隆时人吴梅颠的《徽城竹枝词》曰:

庙建黄坑神所依,
周王有帽却无衣,
年年九月十三日,
显圣徽州鸡自肥。

该诗自注曰:"所谓生在严州,死在衢州,显圣在徽州。"严州、衢州之所在,均属于新安江下游及其支流的相关流域。其中的"周王有帽却无衣"之确切内涵虽然不得而知,却与《白洋汪宅祭周宣灵王祝文》中的"当授衣之令节,值落帽之佳辰"恰相吻合。另外,所谓"显圣徽州鸡自肥",亦与九月十三的"鸡血祭"密切相关。

从文献上看,徽州的周宣灵王,多以药神的面目出现。清代徽州启蒙读物抄本中,就有"汪王土主,周王医仙"的说法,指的便是汪公(隋末的汪华)作为徽州最为重要的地方神,而周王在徽州则以药神的面貌出现。一般说来,启蒙读物中常识性的表述,通常反映了一地普通民众的固定看法,但从上揭的祝文来看,此处的周宣灵王,似乎所指者为晋代的周处,并非作为药神的周宣灵王。而在吴正芳的调查和描述中,虽然有"周王"的诸多描述(包括对农历九月十三"鸡血祭"极为详尽的描摹),却并无"周宣灵王"的任何记录(其中的一个原因可能是——对于普通民众而言,"周宣灵王"之名号过于文雅和复杂,远不及"周王"来得简单、易记)。而且,迄今在白杨所见的《周王庙和尚行船文引》抄本中,亦绝不见"周王"或"周宣灵王"的相关科仪。其中的缘故究竟如何,目前还不得而知,但有一点可以肯定,文化人(民间的塾师、"先生"或"礼生"等)与一般民众对于民间信仰的理解存在着一定的差别,不同人的心中都有自己的一个"周王",这可能亦从一个侧面反映出民间信仰的多样性与复杂性。

看来,无论是口碑资料还是文本文献,都有其各自的立场,关键在于我们能否找到足够多的资料,了解形成这些口碑和创造这些文本的具体细节,从而厘清历史形成、发展和演变的脉络。因为民间文化是广大民众共同创造的,那是众声喧哗的合音,却并无何人可以一言论定的主旋律。各类的阐释皆有其各自的立场,却并无绝对的对错。

五

在传统时代,由于白杨人大批外出务工经商,这使得此一小区域与长江三角洲等地的外部世界有着密切的互动。另外,即使是小区域内部,因地缘、血缘、业缘和神缘等多重复杂的关系,也与周遭的各地有着密切的交流。在该书之外,吴正芳还提供了一批白杨源的契约文书,其中,除了绝大多数的土地契约之外,尚有一些商业方面的文书。在这里,口碑资料与民间文献得以彼此补充,相互印证。这一点尤其值得重视,因为契约文书离开了它由以产生的土壤,很容易被简化而为断烂朝报式的人名、数字以及乏味的流水账,相形之下,一个个鲜活的人物则被无

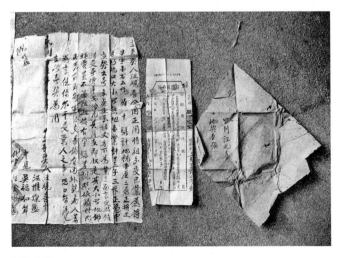

契约文书

情地过滤掉了。而当地人依据口碑所做的相关描述,则为此提供了重要的背景和进一步研究的线索,从而有助于我们较为准确地解读民间文献。

在历史研究中,宏观的理论建构固不可缺,但与此同时,也更需要生动、活泼的细节展示。对于民间基层社会的理解和研究,传世的历史文献还显得相当不足,在这方面,我们需要更多的时间剖面和空间定位。就徽州而言,传统史料中可资利用者,以乡镇志(含村落志)所涉及者最为切近。不过,在现存的明清以迄民国之乡镇志中,徽州虽然尚属编著乡镇志较多的地区,但充其量也不过寥寥数部,而且,有关歙县者亦主要集中在歙西等地,其他广袤的地域内并无太多现成的文献可资探讨。因此,除了充分发掘民间文书之外,我们非常需要像白杨源这样来自田野、细致的口述史料,以多少弥补上述的不足。有鉴于此,《白杨源》一书的可贵之处在于——它提供了一个普通村落社会的基本运作,反映了一般民众耕桑作息、冠婚丧祭的生活实态,这些细致的客观性描述,将有助于我们更好地解读民间历史文献,增加对县以下中国地域社会的认识和理解。

(原刊《读书》2011年第12期)

许 村

一

"天下汪,四角方,南吴北许,东叶西郑。"这句俗谚形象地状摹了明清以来歙县境内大姓的分布格局。在传统时代,徽州十姓九汪,汪姓与另一大姓程氏一样,不仅在当地首屈一指,而且他们的后裔也纷纷迁往全国各地,故有"天下汪"之称。而方姓则随处可见,在歙县,无论是地处要冲的繁华市镇,还是僻野山陬的角角落落,到处皆有方姓的足迹。另外,在广袤的南乡,吴姓是分布较广的大姓之一。与此同时,东乡的叶氏、西乡的郑氏亦相当著名;而在北乡,许姓则是一个最为重要的大族。

许姓聚居的主要村落,便是歙县北乡的许村。在当代的徽州,许村或许并不起眼,不过在传统时代,它却因族人的活动而颇受世人关注。

许村,位于歙县西北部,有东西两河在高阳桥下汇合,形成富资水的上游。富资水南流,在县城西关附近汇入扬之水,此后,因江水明净如练,始称练江。练江由浦口汇入新安江，辗转奔流，经皖浙交界处的街口一带流入浙江省，几经周折，最终由钱塘江流至杭州附近汇入东海。

在传统时代，水运是最为便捷的运输方式。虽然徽州府城至许村之间的水路直到20世纪仍然只能通行小船，而且，其间水浅滩多，需随处筑堰贮水以利舟楫往来，但许村的确位于新安江－钱塘江水系中实实在在的一个节点上，故而它很早便与长江三角洲乃至更为广阔的外部世界存在着密切的联系。

早在12世纪前期，南宋偏安政权定都于钱塘江滨的临安（今浙江杭州），这对于徽州之发展具有重要的影响。当时，皖南低山丘陵地区林木资源极为丰富。南宋时期，徽州的一些地方便形成了这样的习俗——女孩一生下来，家里就开始植杉，待到女儿长大成人，便将杉木砍倒卖掉，以供婚嫁之开销。这些杉木，除了部分供给本地消费之外，其他的则大批输至外地销售。其中，主要就是通过新安江运往下游的长江三角洲等地。此类以木材为中心的交易，可能是形成徽州原始积累的最初资金来源之一。南宋以后，徽州人除了砍伐天然林，也开始成规模地种植人工林。从明初开始，不少人还参与了在中国西南一带采办皇木的活动。例如，在贵州清水江流域从事木业经营的商人中，徽商与陕西商人以及江西的临清帮木商骈肩称雄。可以说，由木业经营积累的巨额财富，成了明代以还徽州人投资盐业、典当等其他商业的重要资金来源。

与徽州商业发展的总体趋势颇相吻合，许村人大概也是从木业经营开始，逐渐涉足盐业运销等诸多行当。大致说来，自明代中叶开始，徽州本土便已形成了商业可持续发展的经济环境——因民间资金来源充裕，一般人均可较为便利地获得低息的借贷，并通过个人信用"打会"融资，筹集规模不等的资金来源，借此投资于各类生意，外出务工经商。其中，盐业和典当是需要大笔资金挹注的重要行业。特别是盐业，因专卖制度的长期推行，这是一个特别需要大批资金挹注的行业，亦很适合具有一定原始积累的商人家族投资其间。因此，南宋以来与新安江贸易极为密切的歙县和休宁，分别成了盐业和典当业经营最为专业的县份。关于歙县的情况，徽州乡土史家许承尧在其编纂的民国《歙县志》中指出：本县的商业，以盐业、典当、茶叶、木业最为著名。在清代，盐业特别兴盛：在扬州和淮安的两淮八大盐务总商中，歙县人总是占有其中的四名，各姓此起彼伏，如江村之江，丰溪、澄塘之吴，潭渡之黄，岑山之程，稠墅、潜口之汪，傅溪之徐，郑村之郑，唐模之许，雄村之曹，上丰之宋，棠樾之鲍，蓝田之叶，都曾有人担任过盐务总商。这些商人家族的事迹，倘若我们读过乾隆时代著名的《扬州画舫录》，一定都不会陌生。当时，盐业集中在淮安和扬州一带，盐商势力煊赫，几乎可以操纵全国的金融，这些商人很容易致富，所以大多以此起家。他们"席丰履厚，闾里相望"，那些素质较高的盐商，"在扬则盛馆舍，招宾客，修饰文采；在歙则扩祠宇，置义田，敬宗睦族，收恤贫乏"。至于那些素质比较差的,"则但侈服御,居处声色玩好之奉,穷奢极靡,以相矜炫已耳"。在这里,许承尧列举了歙县境内的各个盐商家族,这些家族术恃钱神,家藏金穴,有的曾是当年中国最为富有的商人家族(如棠樾鲍氏)。而关于许姓,虽然只提到歙县唐模的许氏,但其实,北乡许村许氏在扬州活动的时间也相当之长。具体说来,历经嘉道鹾务日渐萧条,特别是太平天国兵燹战乱之后,八大盐务总商中的绝大多数家族均已衰落不堪,甚至退出了盐业的经营,但许氏与毗邻许村的上丰宋氏却能异军突起,在战后的扬州盐务经营中仍然占据了重要的一席。

关于许氏盐商在太平天国之后的崛起,《歙县许村敦本堂神主谱》中有一篇1928年的《清故中宪大夫中书科中书候选训导许静夫府君行述》:

> 府君姓许氏,讳炳勋,字静夫,……以诸生隐于市,……道咸之季,先王父中宪公贾于皖北定远县北炉桥镇,府君随侍,附读王氏塾。年十七,宋恭人来归,还歙,从乡先达许善征先生游,种学绩文,刻苦无倦志。……咸丰五年,先王父家居困甚,府君不得已赴江苏海州为商,以什一供甘旨,……在海时,贩布为业,幸数年获赢,积赀数千缗,乃设大有布肆于州城内。……游广陵,定远方子箴都转一见赏之,延入幕,付巨赀令营鹾业,……府君在扬,经营鹾务垂四十年,善货殖,不苟取,声誉藉甚。

此一行述相当重要，许氏父子都是晚清民国时期扬州著名的大盐商，其中提及的几个关键地点和人物颇值得推敲。例如，皖北定远县的北炉桥镇，相传是三国时曹操铸造兵器的北炉所在，因炉旁河上有桥，遂连称为"北炉桥"。在明清时期，北炉桥镇上的徽商颇为活跃。除了许氏之外，休宁方氏一族迁居定远者计有两支，后来所称的炉桥方氏极为繁盛，曾先后出过进士八名，仕宦人数亦颇为可观，其中仅文职官员就多达一百三十二人。特别是方濬师、方濬益和方濬颐三人，在晚清时期煊赫一时。个中，方濬颐字子箴，号梦园，道光二十四年（1844）进士，由翰林外任广东督粮道、盐运使，后出任两淮盐运使。据文献记载，方氏乡土观念浓厚，多延用故戚亲朋，位置于鹾务闲局。从上揭行述可见，许炳勋便是他延用的故戚亲朋之一。因此，与许多歙县的扬州盐商家族一样，太平天国之后许氏之发迹，亦与其官商的背景密切相关。当时，精于商贾榷算的许炳勋，正是凭借着双重的地缘关系，夤缘际会，与两淮盐运使方氏家族连续四代形成共同的经营关系，官商互动，而得以在晚清的扬州盐务中如鱼得水。同样地，太平天国之后扬州盐商的发展，对于徽州战后的复苏，尤其是歙县村落之发育以及社会变迁等，均有极为重要的影响。这一点，与许承尧前揭的记载并无二致。而从许骥的描述来看，许村在太平天国以后的诸多发展，显然也与扬州盐商的活动密切相关。

许村

二

除了徽州的母亲河——新安江之外,歙县还有一些陆路与徽州之外的地区沟通。据说,当地俗有"九龙出海"之说,也就是有九条道路由歙县县城通往四面八方。对于许村而言,它位于这九条道路中的一条边上。早在明代,徽州商编路程中就有"徽州府由青阳县至池州府陆路",这一路程起自徽州府所在的歙县县城,经过当地著名的万年桥,再由许村前往池州府,到达长江北岸的安庆府。及至晚清,由这一条路线还可前往咸丰以后新兴的盐务口岸——和悦洲（一作"荷叶洲"，在安徽省铜陵县西南大通镇夹江口）。

这一条重要的交通要道，对于徽州具有多方面的意义。早在唐宋时期，不仅有一批外来移民由此进入徽州，而且随着皖南人地关系的变化，徽州民众亦有不少经由此道迁往长江边上的池州等地。及至明代以后，江北安庆等地的棚民，也沿着此一通道纷至沓来。而在清朝、民国时期，该陆路更是许村对外交通的生命线。近日，笔者收集到一批与许村相关的档案，其中有一份抗战初期的信函：

民国二十六年七月七日及八月十三日，日本倭寇开始大规模在河北省宛平县芦［卢］沟桥及江苏省上海县两地侵略我国。予适贸易于本省江北之巢县，因事返里，甫毕，不幸芜湖县于十二月间（旧历十一月初四日）竟告失陷，由歙至巢路途中断，因之裹足不能前往，对于巢县与芜湖手续多搁置，未能料理。继闻巢县被敌飞机轰炸，五衷忧急，几至寝食诸［俱？——引者按：此当系方音之讹］废。缘芜湖之陷，损失惨重，一家生计，恐有冻馁之虞，痛心疾首，诚非笔墨可能言宣！奈何？在里度过残年，不料战事仍激烈未已，多方探听，才知由大通过江，能转道往巢县，是以冒险嘀诸东翁仲修宗长，承派祝三宗台（前曾任军务）伴予仝去，以辅相机避险，而免沿途孤寂，心感莫名……

许村徽商书信（1937年）

这是一位许村的徽商在1937年留存的书信，笔迹流丽，其中提及的"东翁仲修"，也就是抗战前后许村的首富许仲修，此人在许骥的书中就有不少描述。从行文上看，此一许姓徽商应受东家许仲修之委任，在巢县一带经理店业。他因日军侵华而蒙受了重大损失，故对日寇之肆虐切齿痛恨。稍早于该信函原件的一册"信底"（来往书柬汇编），亦记录了颇为重要的信息，此册文书相当珍贵，其特别之处在于——信底中誊抄的每一封信，均注明邮寄的目的地。其中，除了少数几封寄往江西吴城、浙江龙游、江苏南京和湖南的信函之外，绝大多数都是寄往芜湖、运漕和宣城。从中，可以相当清晰地看出其人在长江中下游的商业网络。

除了商业上的来往之外，尤其重要的是，"徽州府由青阳县至池州府陆路"还是徽州人前往九华山的重要通道。九华山是地藏菩萨应化的道场，早在明代，钱塘江—新安江流域各地就已形成了"朝九华"的习俗：新安江下游的民众或沿着陆路，经由现在的徽杭高速公路一线进入徽州；或由钱塘江—新安江一路溯流而上前来徽州。他们中的许多人，也与徽州本地的善男信女一样，经由许村出箬岭，前往九华山朝山进香。及至清代，"朝九华"还与"上齐云"的习俗相互融合，形成了合二为一的"华云进香"——根据徽州人的说法，一个人只要身体健康，经济条件许可，一生中至少要前往九华山、天台山（此山为九华山上的天台峰）和齐云山朝山进香一次。如果从歙县县城出发，那就是先经过许村，到九华山，再到九华山上的天台山，接着下山后，再前往齐云山朝山进香。在传统时代，朝山进香既是一般民众较长时间内的一种共同宗教体验，同时也是信息沟通的重要方式之一。不难想象，每年有无数的香客经过许村一地，再加上其他的商客往来，人流熙攘，信息的交流显然相当频繁，这也是促成许村经商风气浓郁的原因之一。

三

关于许村，此前虽有一些零星的论著，但许骥所著《徽州传统村落社会——许村》（复旦大学出版社，2013

年版）一书，网罗散佚，博采旧闻，收集了更为全面的丰富资料，并通过口述调查等，从许村概况、村落发展、姓氏宗族、传统教育、生产与生活、商业贸易、丧葬习俗、祭祀习俗和传统建筑等诸多侧面，对此一歙北名村做了颇为细致的展示。其中，特别是有关许村民俗方面的描述和分析，尤其值得重视。

明代以来，徽州形成了极具特色的宗族社会。在《徽州传统村落社会——许村》中，许骥通过对宗族相关问题的描述，颇为具体地揭示了歙县北乡复杂的社会关系。在徽州，族姓之间的关系呈现出错综复杂的样貌。一般情况下，因大、小姓势力悬殊，明清时期（尤其是雍正五年以后），大姓常以佃仆制度去规范自己与小姓之间原本未必存在的主仆关系。而在一个较为限定的空间范围内，为了争夺有限的资源，各姓相互之间的竞争乃至冲突在所难免。许村至箬岭古道的茅舍一带，就有所谓"花（方）开叶落"之谚。这一脍炙人口的俗谚说的是——叶姓原住山下，后方姓迁入，不得不移居生存条件更为恶劣的山里。类似于此的例子，在歙县各地所见颇多。这些都反映了族姓竞争乃至纷争的残酷。通常情况下，势均力敌的族姓之间，逞其智能，矜其伎俩，彼此还以各种风水的手法相互算计，想方设法地挤垮对方，从而确立本族在小区域范围内的主导权。譬如，许村至今还有"三片半石磨，压死客姓人"的说法。根据民间传说，明代汪氏在外经营盐务，实力颇为雄厚，他们世居村西环泉，而环泉通向高阳素有三条通道，但许姓说什么也不让汪姓在路上铺砌石板。为什么呢？因为当时有风水先生观察过环泉的地形，说环泉属蛇形，而汪姓的聚居地形似燕窝。倘若黄蛇（小龙）借河入海的话，那就是"蛟龙入海"，将来必定族运昌盛，势不可当。相反，如果不能借河入海，其结果则是"黄蛇入燕窝"，将燕子悉数吃光。在这种背景下，汪家殚思竭虑地想铺出一条石板路，欲将此条"黄蛇"引入新安江，进而导入大海，以期趋吉避凶福至祸消。而许家则想方设法地加以阻止，他们请来风水先生帮助破法。因为河在高阳，汪家的路要想修到河边，必须通过许家的地盘。于是，风水先生就建议，一旦汪家石路修到许家的地界，就在其下埋上一块大石磨，这样，就能将这条石路镇住，让黄蛇不能借河入海。就算汪家发现，将石磨给撬了，也是自断龙脉。于是，许家就在三条必经的路口各埋下一块大石磨，阻断汪家龙脉，逼着"黄蛇"蹿入燕窝，从此，汪家便一蹶不振——这就是"三片半石磨，压死客姓人"的传说。此一说法，形象地反映出风水做法的用意与后果。根据徽州地经的说法，阴阳二宅之理，"在天成象，在地成形"，人们通过仰观俯察，领悟五行生克制化之理。这些原本颇具哲学意味的营造智慧，在民间社会复杂的生存环境中，往往沦为形而下的实用性工具，于是，来龙穴法，收砂纳水，分房截路，移门换向，在在皆充溢着族姓纷争的色彩。类似的故事，我们在近年的田野调查中听到过很多，足见这在传统徽州具有相当普遍的意义。

许村的祠堂

在书中,许骥还讲述了不少有趣的民间故事,有助于我们从一些侧面理解徽州的乡土传统。例如,康熙《徽州府志》的主纂赵吉士曾不无自豪地炫耀:"新安节烈最多,一邑当他省之半。"在明清时代,节妇、贞女的记载,成了不绝于史的主题。对此,许承尧亦指出:

邑俗重商,商必远出,出恒数载一归,亦时有久客不归者,新婚之别,习为故常,然妇女类能崇尚廉贞,保持清白,盖礼俗渐摩,为时久矣。

其实,在安徽,民间素有"穷不过凤阳,富不过歙县"的俗谚，徽州的"节烈"与其说是一种风气，毋宁说更与巨额的财富密切相关。在传统时代，只有衣食无忧者方有守节的条件。关于这一点，许村"墙里门"的故事，便提供了一个生动的例证——女主人年复一年地隐居深闺，重门高峻，安心静守。在传统的伦理脉络中，其人凛若冰霜，途歌巷诵、传说一时的事迹，可谓为名教增光，令纲常生色。当时，人们为了证明今天看来颇为残酷的"节烈"之正当，创造出了种种的神话。譬如，许村世德桥南侧有一贞节坊，据说，坊主尚未过门时，未婚夫便已去世，她是一个人抱着牌位拜天地的。此后，久荷礼教熏陶的女子寂寞寒窗，空闺梦杳，终其一生清清白白地过日子。及至晚年族人为其竖坊，不料最后的坊顶却怎么也安装不上。于是，族人便怀疑她是否曾有犯嫌渎礼、有辱闺范的隐情曲折。最后，在族长的再三追问下，事涉嫌疑的徽州女人搜肠刮肚，终于回忆起早年的一桩事，她说自己曾见公鸡和母鸡交尾时笑了一下……这一自我坦白甫一落音，坊顶就顺利地装了上去。看来，荣辱生死皆有定数，传统的"节烈"事迹，容不得哪怕是瞬间的欲念潜滋春心荡漾！此类的故事历久弥新，极为传神、生动——红尘凡世的民间规范，正是经由人们编织出的各种神话加以支撑。也因此，在以"牌坊城"著称的歙县，时常可见的"两竖一横"之框架结构，便荷载着成千上万个沉重的生命。

　　许骥通过采访江西木匠的传人，对徽州的竖屋程式做了颇为细致的描述，"开基造屋，选择日期，画墨结笋，竖柱上梁，剪鸡制煞，喝彩披红……"这些纷繁复杂的建筑程序，每一道都凝聚着手工匠人的智慧。书中引证的《踏梁经》《排列经》《敬磉经》《架梁经》《提鸡经》和《撒五谷经》，与徽州其他各县所记录的大同小异，不过，其中的一个细节亦颇为有趣。据说，木匠师傅所唱的《踏梁经》开首有："伏以鲁班先师踏梁头，鲁班先师叫了伏以踏梁头，左脚踏起右脚高，脚踏梁头步步高，手拿金盘踏仙桃，仙桃仙果落在金盘里，脱掉蓝彩换紫袍……"在这里，文中的第二个"伏以"，显然是作为人名出现。这让我联想到历史上毗邻江西的婺源，根据毕新丁的调查，当地上梁时的祝福语中，口口声声皆以"伏以（呀）"开头。据匠人传说，"伏以"原是木匠祖师爷鲁班一个徒弟的名字，为人聪明，大有青出于蓝而胜于蓝之势。这一点，深受鲁班的嫉妒，后者为了保住自己祖师爷的地位而设法暗害了"伏以"。所以，每当踏梁时，均要以"伏以"开头，一来是表示鲁班自觉对不住徒弟，二是怕徒弟"伏以"前来现场捣乱。因此，但凡重要场合都要先喊徒弟"伏以"的名字，以示对他的敬畏。其实，稍有古汉语常识的人都知道，"伏以"原是一种敬辞，意思是作为凡人在神明之前俯伏下拜以陈述相关事情。但如此文绉绉的词汇，在一般民众听来，怎么听都觉得像是个人名。而在竖屋仪式中，"伏以"一词的一再出现，便很自然地令人浮想联翩，旁观者遂以"小人之心度君子之腹"，于是，也就有了鲁班师徒的精彩故事……显然，这是另一个杜拾遗变身而为"杜十姨"的故事,这在口耳相传的叙事传统中颇为常见。普通民众总是赋予文本以新的内涵,从而使得民间文化更具生动的多样性。

四

徽州是传统中国研究中最具典型意义的区域社会之一,而徽商与桑梓故里以及侨寓地城乡社会发展的关系,囿于史料,以往的研究主要多集中在清代前期,尤其是18世纪以前的盛清时代。其实,在太平天国之后,无远弗届的徽商对于东南一带的社会变迁仍然有着重要的影响。以盐商为例,以往一般认为,徽州盐商于清代后期已退出了两淮鹾务之运作,但在实际上,当时仍有不少徽商在扬州等地活动频繁(尽管此时的盐商在财力上已与畴昔迥异)。此类的证据近年来不断涌现:在扬州老城区广陵路小流芳巷内4号,此前发现有"徽国文公祠"的门楼,这是晚清徽州会馆及其附属慈善组织"恭善堂"的旧址,其中还有一块光绪十一年(1885)四月竖立的"奉宪勒石",个中详细叙述了"恭善堂"之由来及其管理制度:"徽国文公"亦即南宋著名的理学家朱熹(别称紫阳),因其祖籍婺源,故后世被徽商尊称为"徽国文公",并成为"贾而好儒"的徽商高自标识、借以区别于其他商帮的重要象征。"徽国文公祠"或"紫阳书院"等,亦遂成了明清时代徽州会馆的另一种正式名称。当时,歙县同乡集资在扬州缺口门城内流芳巷地方,契买民地一区,"公建徽州恭善堂","以为同乡养病之区,旅榇停厝之所"。这一碑刻以及所反映的内涵完全未见于文献记载,但它的发现却有着重要的学术意义。碑文提及:"全徽六县外游,半事经营,计在邗江为客不知凡几,或因仕宦而寄居,或以贸迁而至止",这突出反映了太平天国以后徽商在扬州的势力——他们仍在绿杨城中聚财守业,广施功德。证之以许骥调查所提供的诸多线索,有关晚清扬州与徽州的城乡互动,显然可以进一步深入探讨。

从这个意义上来看,许骥围绕着许村所收集到的遗献佚文,以及通过实地调查所做的详搜博考,绝非无关要节的一隅见闻,它对于研究太平天国以后歙北村落社会以及徽商与东南地区的城乡互动,均提供了不少重要的线索。此类来自民间抢救性的调查报告,随着现代化对中国农村社会的冲击以及乡土文化的日渐瓦解,其学术价值将日益凸显。

(原刊《读书》2013年第7期)

山里山外

一

明清时代,徽州歙县是众多江浙盐商的桑梓故里。对此,民国《歙县志》历数了境内的盐商大族,其中包括西乡的江、吴、汪、徐、郑、许、鲍诸姓,南乡的程氏、曹氏,北乡的宋氏,以及东乡之叶氏。叶氏系东乡蓝田人,迄今在蓝田村口路边,还有一座叶熙鼎继妻汪氏的节孝坊。这座四柱冲天式的茶源石质牌坊,坊顶正中为圣旨亭,其下中额正面镌"松虬雪古",背面则有"梅冷冰香"四字。石梁、石坊之间多有如意、云朵形雀替,尚存的部分基本完好。该坊是为了旌表一位姓汪的女人,她在嫁给村人叶熙鼎一年零三个月后就不幸成了寡妇,此后矢志守节,含辛茹苦地将遗腹子叶天赐抚养成人。在蓝田村内,目前还保留着叶天赐的旧宅。此人后来成为扬州八大盐务总商之一,以布衣上交官府,囊丰箧盈之余,于清乾隆年间为母亲申请旌表,建立此坊。当时,著名学者汪中、程瑶田等皆为汪氏立传,盛称母子二人之慈孝……

蓝田村口的节孝坊

关于叶天赐其人,在著名的《扬州画舫录》中有两处记载,其一是卷二的《草河录下》:

叶天赐字孔章,号咏亭,仪征人。书运中锋,多逸趣。

根据徽州当地的口碑,叶天赐早年家境贫寒,依靠寡母辛苦劳作供其读书,此人自幼聪颖好学,后弃儒从商,自下层的商店伙计做起,最后一步步致身显达。在清代,江苏仪征是淮南的盐运码头,许多歙商因在当地从事淮盐转输,故而著籍于此。不过,在通常情况下,他们实际上居住在邻近的盐务中枢扬州城内，这当然是因为后者有着更为灵通的各类信息以及更加舒适的生活享受。《扬州画舫录》的作者李斗，对乾隆时代广陵的城市布局、园林名胜、风土民情、名人逸事等多所描摹。他在书中就缕述了当时活跃在扬州的一些书法家，叶天赐则位列其间。

关于叶天赐的另一条记载，见于《扬州画舫录》卷十二的《桥东录》，其中除了将叶氏视作书法家之外，还说他"工诗，……广交游，户外之履常满"。这段话的意思是说叶氏具有良好的文化修养，与当时的文人墨客多所交往。此种情形，是清代扬州盐商中比较普遍的一种文化现象。其时，精于商贾权算的叶天赐，居住在阙口门街路北的鸿文、崇德二巷之间，该处虽然地处市井尘嚣，但他却自题其门曰："高风崇德，大雅鸿文。"从其将巷名巧妙地嵌入对联来看，叶天赐的确是盛清时代慕悦风雅的盐商做派（此种做派，亦即俗称的"扬气"）。值得注意的是，该卷还提及：

……方伯治事多资之。尝随方伯议公事某所，众胁方伯将作花押，天赐越阶夺笔掷之。众问：为何如人？卤莽至此！叶大呼曰："吾吃江之饭，所以报之者，在此时也！"江亦出门去，事赖以不失。

"方伯"是明清时代对布政使的一种雅称，此处系指扬州大盐商江春。江春为歙县江村人，是乾隆时代首屈一指的盐务"首总",他因曾协助官府捉拿宫中逃犯、太监张凤,而被皇帝钦赏布政使秩衔,故被时人尊称为"江方伯"。所谓首总,是两淮鹾务总商之首领,其人深受皇室青睐,对于一般的总商则具有统辖作用。不过,由于利益分配不均,常常引发其他中小总商的反弹。关于这一点,在此前披露的《清宫扬州御档》中所见颇多。而上述的故事说的是——当江春受到众总商反对时,叶天赐挺身而出,维护了江春的权威。从"吾吃江之饭"的疾声力呼中可以看出,叶天赐与江春的关系极为密切,他之从事两淮盐务,最早应受江春之提携而附骥登龙。

叶天赐旧宅

事实上，关于蓝田叶氏与江、浙盐业，其渊源可能相当之早。据晚清经学家俞樾所著的《九九销夏录》记载：

> 明叶永盛字子沐，泾县人。万历中，以御史巡视浙江盐政，时有请增课税者，永盛力争乃已。又疏请商人占籍应试，……此即吾浙商籍所自始。浙商多徽人，永盛亦徽人，其力争加课，自为公议，请许商人占籍，或亦维桑之私意乎？

"商籍"是明清政府为商人设立的一种户籍，因其关涉旅外行商子弟科举考试之权利而备受关注。其中，浙江"商籍"是明代商业史上的一个重大问题，历来聚讼纷纭。泾县系属宁国府，毗邻徽州府，虽然徽州人与宁国人时常结合在一起外出经商（清代以后江南各地的"徽宁会馆"即是其例），不过，径称叶永盛为"徽人"，似乎仍不能让人完全信服，故而《九九销夏录》中的这一说法，一向颇受学界质疑。

近读柯林权先生所著《歙县里东乡传统农村社会》（复旦大学出版社，2014年版）一书，书中曾提及叶永盛与歙县的密切关系。作者征引叶氏《四老支谱》，提到明万历年间蓝田叶氏迁泾县三坦裔孙叶永盛，曾回蓝田祭拜祖墓：

> 三坦裔孙、万历己丑进士永盛字玉成，官至太仆寺卿。……万历三十七年清明节，太仆公祭墓，建碑于始

祖坟脑,题云"梁故叶母兴王之女萧氏孟婆之墓",后书"万历己酉年　月(按:'月'前空字为文书书写体例),三坦裔孙永盛立"。又题"王姬叶母"四字于墓门匾额,其书年月并立人与碑同。

《四老支谱》系抄本,保存于徽州民间。这个例子说明,叶永盛与歙县的确关系密切,将之视作活跃在杭州的徽州盐商之同乡实无不可。由此也让人想到,明清史上的一些重要事件,有时放在村落一级更为细致的文献中便会令人豁然开朗。

二

根据民间习惯,歙县人是以县治辐射的东、南、西、北方位称呼所辖的四乡境域。城东门外的广大地域称为歙县东乡,简称"歙东"。歙东北高南低,"北部多高山深壑,南部多岗陵丘阜",于是有了"山里""山外"之别。今溪头镇及桂林镇布射河以东小部分地区,因地势高峻称为里东乡。在迄今所见的传世文献中,相较于西乡、南乡和北乡,我们对于传统时代歙县东乡基层社会的了解极为有限。正因为文献的稀缺,所以当我读到与里东乡相关的史料及论述时,总是颇感好奇和兴奋。

十数年前,我在徽州收集到里东乡蓝田人叶楫民的自传抄本,其中对民国时期的歙县民俗,多有颇为生动的描摹。例如，书中曾提及一种"除邪"的办法：

……早晨捉一只百斤多重的大肥猪，猪颈带一只前腿用红绿索拴牢，放在大厅天井沿边上，屠宰者攀倒猪，向猪喉一刀，立刻由两佣人一前一后在大厅拖一圈，再拖到内室，各卧室、厨房、起坐间、书房各处，最后拖进花园，放入大桶内泡开水，抬毛，开肚肚，挖取出内脏，洗净肉做菜。同时借一头披红绸、角戴红花的黄牛来，由一位穿戴整齐的牵着，依猪血迹到各处走遍，然后牵到花园里饱餐黄豆米粉团，再牵牛拿红纸包送还牛主。

又用红纸写上列祖列宗，贴在内室后壁，系上桌围，摆上香烛五事件，点上两支大红烛，摆上九碗菜、酒、杯、筷，斟上酒，插上香，全家祭拜，这是请列祖列宗进新屋……

据他说，这是当地的一个老规矩，系在新屋落成时的一种祭山神、土地、原地主人的办法。这让人不禁想起明代《新安名族志》中的一段记载——歙县河西巴氏，"梁武末年，自丹阳挈家避乱休宁二十四都，至林川，辟草莱，构庐舍以居，子孙日蕃，遍满其地。……今其土人凡祀祖，必先设祭于中堂，祭原地主人巴公，毕，方行祀祖之礼"。上述的"除邪"办法，似乎可以作为"祭原地主人"以及"行祀祖之礼"的一个注脚。

此后，我陆续读到与歙县里东乡有关的书籍。譬如，2003年由柯林权主持编纂的《溪头志》出版。该书对里东乡所属的溪头区，做了几近全景式的描述。此书出版伊始，就有一些学者对地处徽州偏僻山区的溪头，竟能编出如此翔实的一部方志深为叹赏。对此，我亦颇有同感。该书在体例上虽然是模仿《歙县志》之编目，却亦有其自身的特点。特别是书中对溪头民俗之描摹，可谓引人入胜。书中的"风土编"和"宗教编"，对当地的俗尚、服饰、礼俗、庙宇、法会、神祭、道会门等，都做了颇为细致的描述。此外，该书还别出心裁地专列有"器用编"，对溪头古民居结构、规制、传统农具、家具、儿童服饰、玩具、水碓、油榨、碾屋和磨坊等，绘制了四百余幅图。对于旧时民间记数用的草码、中医开方之药码、旧时计量木材的龙泉码等，也都一一搜录。这些，对于进一步的学术研究均颇有参考价值。2006年，柯林权主编的《歙县民间艺术》一书出版。该书为民间艺术资料集，其内容包括民间杂艺、民间舞蹈、民间戏剧、民间音乐、民间美术和民间传说等，所用资料多数为采风所得，兼引他人作品，内涵相当丰富。其中所论虽然涉及歙县全境，但也有不少与里东乡有关。特别是书中描摹的风俗民情，以及采集的各类民间故事，令人兴味盎然。此外，该书还收录了一些法事乐曲，如"请五猖""十供献""转灯""破蒙山""三道理""天蓬奉帝令""破血湖""阿弥陀佛""做会"等，词曲并茂，极为难得一见。此类通过民间采风所得，可以弥补传世文献的诸多缺憾，弥足珍贵。

2007年，应劳格文（John Lagerwey）教授之邀，柯林权开始进一步收集散落民间的各种史料，集数年之功，撰写了《歙县里东乡传统农村社会》一书，这为我们了解歙县里东乡社会，提供了不少新的资料。

三

柯林权祖籍里东乡大谷运，其祖父于光绪年间迁居溪头村。他本人出生于1947年，少年时代即随钟爱说书的父亲研读明清话本小说。此后，他酷爱文学艺术，对乡邦文献情有独钟。1965年，柯林权成为当地村文化俱乐部骨干，开始创作民间小戏、曲艺。1983年以后，他担任溪头区文化站负责人。后调任歙县史志办，任新编《歙县志》副主编。数年前，劳格文教授和我曾在他的陪同下，前往里东乡一带实地考察。从其对周遭景物及民情风俗的详细解说中，让人颇感受益。

根据《歙县里东乡传统农村社会》一书的描述，柯林权的祖先曾经营过木业，书中结合家世背景，对当地木贩的经营特色，有着颇为细致的描摹。此外，里东乡一带还是歙县重要的产茶区之一，主产炒青绿茶，兼产毛峰和烘青。当地的茶商与晚清时期歙县著名的大茶商江耀华关系密切，这些情况，在芳坑江氏茶商史料中有着相当多的例证。数年前，劳格文教授和我曾与柯林权一起走访过歙县

"芳溪草堂",当时,他就在江氏茶商史料中找到一些柯氏茶商与芳坑江氏茶商的往来书信,这些珍贵的书信,如今也都体现在《歙县里东乡传统农村社会》一书中。

此外,柯林权还通过实地调查,详细状摹了里东乡子弟外出经商的经历。在"出外经商"一节,他细致描述了"出门"做学徒的过程。特别是利用迄今尚存的一些账本,尽其所能地分析了"生意客之养家",内容颇为翔实。个中有不少细节,较此前的记载更为深入。

我们知道,对民间社会的关注,归根结底是要对生活在当地的民众及其日常生活的重视。从柯林权对里东乡一带姓氏之追溯来看,当地有不少来自江北的棚民,以及湖北等地的流民。在这种背景下,该处的民俗在歙县有着相当庞杂的内涵,它既表现出徽歙本地的强烈特色,也反映了来自异地的其他影响。

关于这一点,我还得再提一下叶楫民的自传。歙县蓝田人叶楫民为扬州盐商叶天赐之同族,其父叶峙亭则系晚清民国时期徽州著名的绅商。此人生于富贵,长于繁华,他有一篇状摹其母丧事的文章,写得相当细致:

> 母亲病危时,用木匠做八斗棺材,棺材做好,先不上底,将棺材脚也向下头边向上竖起来,然后兄弟依次背包袱、雨伞,由底到面穿棺而过,名曰过关。然后装上底,棺内四周及底,遍涂桐油,调石灰之涂料,铺绵纸,再铺上一层石灰,放上石灰枕头和褥。殓时亲人避

开,棺材放在大厅上,横头脚边朝外,头也朝里,然后将遗体放进棺材,身上盖寿被,空当塞上石灰包,被上铺满石灰,再铺绵纸盖上子盖,再盖上棺木盖,钉上毛钉。然后再雇漆匠,在棺外刷上油漆。……父亲请卜者推算七七之期,写在白纸上,贴在壁上。家里挂的对联字画,有红的,必须贴上白条纸。桌沿下和椅背上,贴上圆形白纸的"佛"字。直系小辈戴重丧,吃素,禁欢乐。……又雇了三四个纸扎匠扎冥器,从床桌凳到锅灶碗盏等一切衣食住和动用傢(家)具都扎起来,还扎了两个纸丫头,准备在"回呼"时焚化的。

母亲的丧事真是"七七做,八八敲",丧礼如仪:首七"开路","二七"拜忏,三七白天"解结",晚上"破血湖"(即演"目连救母"戏),四七、五七做祭,七七女儿祭拜。……七七满出殡。上午九时,一支长长而隆重的出殡队伍,浩浩荡荡穿过大北街和西街出城,向城西的七里头缓缓而去……

这次丧事花钱不少,火腿吃掉十几只,在丧事中,每天每次煮大锅粥,布施乞丐,开支亦很可观。

所谓七七之期,是指亡人身后设置的七个专门祭奠日,俗称"请七"。根据徽州的俗例,首先需依亡人死亡干支推算出三七(回呼)日,然后通盘安排首七、二七、三七("偷呼""正呼")、四七、五七、六七和终七。"偷呼""正呼"统称为"回呼"(亦称"回步"),也就是魂灵回家的意思。据说，"回呼"之日鬼魂要回家受供，只有婴幼儿方才看得见鬼魂模糊的身影。其中，"偷呼"是说鬼魂摆脱鬼卒羁绊，独自偷跑回家受供。是日，家人焚化挽联、铭旌以及各类纸扎家具、奴婢等冥器用品，并放声悲哭，以孝心感应灵魂归来。翌日为"正呼"，民间传说阎王正式允许亡魂回家探亲受供，不过需由冥使"内侍哥"随行监督。这位"内侍哥"据说是死者断气时最先受阎罗王派遣到达丧家的阴差，他对亡魂的看管极为严厉。家人之所以要用圆形白纸书写"佛"字，遍贴于家中有孔隙的家具、用品上，就是为了防止"内侍哥"逼迫亡魂辛苦地"钻孽孔"。届时，还要备置荤、素祭品，斟满两杯酒，并放两双筷子，让"内侍哥"陪着亡灵吃喝……

对于民间传说，或许可以姑妄言之，姑妄听之，不过，之所以要特别关注丧礼，除了因为擗踊哭泣、哀毁尽礼，诸多细节本身就是徽州民俗的一个侧面，而且它还是明清以来风行于长江中下游各地的"徽礼"之重要组成部分。在盛清时代，有一首扬州竹枝词这样写道："扬州好，家祭夹徽、扬，鼓伐三通呼就位，灯持五色学跑方，亭设纸猪羊。"而另一首竹枝词也吟咏道："年来极盛徽、扬祭，残腊丧门吊客多，鼓吹沸声真耐听，《将军令》与《捉天鹅》。"这些竹枝词，都反映了丧祭中徽、扬礼仪并具以及"徽礼"在扬州的流行。而其中的"徽礼"，则应当求诸徽州（特别是歙县）的乡土民俗。另外，以石灰包填充木棺，自然是为了防范山区潮湿气候对木棺、遗体以及随葬品的侵蚀,这是皖南各地丧葬中比较普遍的做法。当时,虽然叶母之丧礼是在县城举行,埋葬的地方也在县城西偏的七里头,但"七七做,八八敲"的程序,也见于里东乡一带,因此可以比照而观。

叶楒民笔下的葬礼,显然是豪富之家的做法。在民间,富家对风水特别讲究,对此,抄本《居乡里》这样描述:

佳城谅亦不虚传,来脉清真结蒂先,左有青龙相顾局,右缠白虎到旁边。
朝山拱秀三台立,去水湾环一字旋,四兽罗城周密合,葬乘生气发连年。

《居乡里》一书是民间文献抄本,成书于晚清或民国时期。关于堪舆之术的运用,除了要保佑自家荣盛发达之外,还必须时刻提防周遭的其他姓氏,殚精竭虑地破坏足以挑战自身的邻居之风水格局,以确保本家族的长盛不衰。例如,叶楒民就曾讲述"蓝田下门十三口塘的来历":

蓝田下门石禾山和棋盘山脚,有一排十三口小塘,从八角亭的石牌后一口起,至佛崖脚(自北至南伸展)。我幼时听大人传闻,蓝田原叫潺田的时候,村中有程、杨、宋诸姓,大姓叶姓迁蓝田,逐渐人丁兴旺,杨、宋两姓逐渐败落,惟程姓仍很盛旺,常与叶姓为山、地界阋墙相争。叶姓欲置程姓于死地,经考究,认为程姓兴旺,主要是程家在下门葬了一个好风水,龙脉直通祠堂(祠堂即始祖坟屋)。叶姓听信风水先生的话,以为该程姓墓是个"乌龟形",不破风水对叶姓不利,便决定沿其墓龙脉开塘破法,十三口是因为龟甲十三格,据说开塘后程姓果然渐次败落……

人事多变,盛衰有时,事实上,风水不仅与多族姓间的竞争有关,而且即使是在同族内部,有时也会以风水相互斗法,彼此拆台,并引发鼠牙雀角的诸多讼端。这样的故事,我们在柯林权的讲解中也听到过许多。

此外,《歙县里东乡传统农村社会》一书,还有专节谈及当地的"华云胜会"。明清以来,徽州民间普遍存在着朝山习俗,各地民众根据距离的远近、个人经济能力之高低,选择不同的地点朝山进香,其中,最为重要的进香旅程是前往九华山和齐云山,俗称"朝九华"和"上齐云",以及随后出现的融为一体之"华云进香"。"华云进香"的活动,亦称"华云胜会",这在徽州各地颇为普遍,本无须赘述。不过,该书亦提供了一些新的细节。例如,书中指出溪头一带有将锡箔背往九华山"过庙"的习俗——也就是死者生前背着锡箔前往九华山,在地藏菩萨像前打开锡箔袋祈祷,烧去部分,其余背回家中,以备死后使用。据说,"过庙"后的纸钱焚烧时,因已得到九华山地藏菩萨的公证,别的鬼神便不敢抢夺。此后,"过庙"纸钱烧成的钱灰,会装入九华山进香黄布袋中,入殓时挂于死者胸前随葬。对此，柯林权根据光绪年间的《华云胜会追荐亡人底册》，对华云胜会之具体运作（包括正荐、副荐、追荐、搭荐等），做了相当细致的描述。另外，书中对迎神赛会中"五隅"的运作，以及"七报本道场"、招魂入墓做法的介绍等，都颇具参考价值。

在"宗族"一节，作者对里东乡一带各姓的开枝散叶及其社会生活，做了相当具体的描述。尤其是其中提到的族仆祠，相当特别。族仆亦即伴当，《居乡里》有诗曰：

伴当专门服侍人，担茶送饭也该因，早朝夜晚咸劳瘁，接岁长年受苦辛；

自愧终身奴仆守，犹惭到老主公亲，几时脱去卑微事，愿作于今薄幸民。

在传统时代，伴当是对大姓有着特殊隶属关系的世仆阶层。关于此一边缘人群，在以往的徽州佃仆制度研究中多有涉及，但族仆立祠的做法，却颇为罕见。

四

清末徽州知府刘汝骥曾主持调查属下一府六县的风俗民情，其中有多处提及歙县四乡的区域差异。以服饰为例，歙县一邑以西乡最为奢华，盐务全盛时期，扬州一带的奢靡风俗渐渐输入。由于西乡与休宁县毗邻，太平天国之后，徽州的商业中心转移到屯溪，来自江、浙一带的"冠履之时趋""袍袴之新样"，首先传到休宁，接着便影响到歙县西乡。晚清时期，"少妇好效沪妆，年长者犹戴鬏（扬州旧制）"，这便反映了不同时代所受到的不同地域的影响。在歙县，最为质朴的是南乡的那些富家，他们"坐拥厚赀，男则冬不裘，夏不葛，女则不珠翠，不脂粉，与西乡适成一反例"。至于东乡和北乡，"文野在西、南之间"。《陶甓公牍》中的这段文字，状摹了太平天国前后歙县四乡风俗的变迁。其中提及，包括里东乡在内的东乡风俗，介于奢侈的西乡与质朴的南乡之间。对此，稍后的徽州乡土史家许承尧也指出，歙县风俗四乡大不相同，东乡毗邻绩溪，"习尚俭朴，类能力田服贾以裕其生"。相较于西乡、南乡和北乡，里东乡地处僻野山乡，交通极为不便，所出的巨腹商贾较少，总体上来看是个闭塞的地区。不过，由于当地的移民来源众多，民俗颇为驳杂，再加上外出的人群亦穷途远涉，前仆后继，特别是在江浙一带务工经商的当地人，也给遐陬僻壤的里东乡带来了显著的外部影响，这一点与明清以来整个徽州社会的风俗移易与世事变迁亦并无二致……

就这样，僻野的山里与繁华的山外，保持着持续而频繁的互动与交流。

（原载《读书》2014年第6期）

胡适的圣诞诗

在20世纪前半期,"我的朋友胡适之"几乎成了某些社交圈中的口头禅。据说是因为胡适声名藉甚,且为人温文尔雅,交游极广,所以当时有不少人提起他,都喜欢称"我的朋友胡适之"。及至晚近,研究胡适的学者甚至还钩沉索隐,考证出有资格以胡适"朋友"自居者数十人。其中,当然多是民国时代的名儒硕彦。揆情度理,若要挑选一些人作为胡适"朋友"的代表,那么,绩溪的胡近仁大概不一定能排得上号。不过,在胡适的人生旅途中,胡近仁与他的关系可能最为密切。

根据当代《绩溪县志》的记载:"胡近仁(1883—1932),字祥木、堇人,徽州绩溪上庄村人,幼年与堂侄胡适同学,学问渊博,曾经商,后在家乡办学、教书,为胡适在上庄创办毓英小学的主事人。常为胡适斟酌诗文稿件,书信往来频繁。1932年被聘为《绩溪县志》编纂,与总纂胡子承合作,主持修志规划与编写工作。因嗜鸦片,体弱多病,不久逝世。生前写有大量律诗和记、考之类文章,续修《明经胡氏宗谱》《柯氏宗谱》等。工书法,

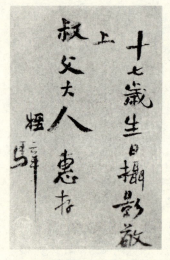 

1907年胡适赠送胡近仁的签名照(见《彭城珍藏近代名人手札》,以下凡取自此书者皆不再出注)

行、楷流利圆润。"(黄山书社,1998年版)此一小传出自当地学人之手,本应更为精确。但在实际上,其中的不少细节,可供进一步推敲之处颇多。例如,安庆《学风》杂志1935年第1期上有一则"绩溪耆宿胡近仁先生逝世"的消息,其中明确指出胡近仁于"阴历十二月初四日逝世,享年五十岁",可见,其人实际上应生于1886年,卒于1935年。另外,胡近仁家境殷实,除了拥有数十亩田产,还在邻县旌德的三溪镇开有景隆、景泰等店号。近年我指导的一位博士生,在绩溪实地考察期间,曾收集到与胡近仁相关的商业文书,这批文献是研究胡近仁家世、生平的新史料,颇具学术价值。从中可见,与胡适一样,胡近仁也出自商贾世家，甚至其本人也从事商业经营。

徽州素有"贾而好儒"的历史传统，徽商子弟往往努力将商业资本转化成文化资本，这使得徽州虽然僻处皖南山乡，但却钟灵毓秀，人才辈出。胡近仁的旧学功底深厚，是绩溪县境内著名的乡贤硕儒，被胡适称为"桑梓文人魁杰"。对此，后者在《留学日记》中指出："余少时不与诸儿伍，师友中唯四叔介如公、禹臣兄、近仁叔切磋指导之功为最。"终其一生，胡近仁与他都维持着叔侄兼挚友的亲密关系。胡适前往上海及赴海外留学期间，其母冯顺娣写给儿子的家书，多半出自胡近仁之手。关于这一点，1916年胡适在一封信中提到："每得家书，便见老叔笔迹，相思之怀，因以小慰！"可见，胡近仁实际上成了冯氏的代言人。因此，在胡适的往来书信中，来自胡近仁的占绝大多数。从现存的胡适相关信函来看，胡适在美国寄信回安徽绩溪时，往往会附上两个英文信封，以供胡近仁将回信装入，托人带到上海，再交由著名的徽商汪裕泰茶叶店转寄至美国。

关于胡适的家书，此前已有多种文本，不过，彩色的原稿影印件则并未多见。两年多前，上海中西书局出版了由朵云轩策划、编辑的《彭城珍藏近代名人手札》（2015年版），其中就包含不少胡适写给胡近仁的信札原件。根据笔者的了解，近数十年来，在绩溪当地，有关胡适的相关史料颇多发现。例如，1985年8月，绩溪县文物局就在当地征集到多份胡适致族叔胡近仁的家信。而此次梓行

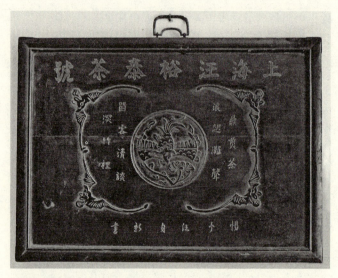

与胡适关系密切的汪裕泰茶号招牌（木板，王振忠收藏）

的《彭城珍藏近代名人手札》所收的相关信札，虽然并未明确交代其来龙去脉，但从其品相上好的书信及相关照片来看，应来自绩溪上庄，很可能便是从胡近仁后裔处流散出来。

根据胡颂平所编《胡适之先生年谱长编初稿》的记载，1904年，十四岁的胡适前往上海求学。1910年8月，作为第二批庚款留美学生，胡适从上海搭船前往美国，于当年中秋日抵达绮色佳城（Ithaca），进入康奈尔大学（Cornell University）农学部学习。1915年，他又转往哥伦比亚大学继续深造。

在美国生活的七年间，胡适与胡近仁鱼雁往返不断。

胡适初抵美国时写给胡近仁的信函

在信中，他对后者的称呼多作"近仁老友"。1914年，胡适在康奈尔大学照了一张相，题作"室中读书图"，背景是书架上的十余册经籍，他对这张照片颇感满意，遂于当年6月6日寄了一张给胡近仁，并在照片背面题曰："廿载忘年友，犹应念阿咸，奈何归雁返，不见故人缄？"当年胡适二十四岁，"廿载忘年友"是状摹胡近仁与他的"总角之交"；而"阿咸"则典出魏晋，为胡适之自称。关于这一点，胡适解释说："近仁为余叔辈，为少时老友，里中文学尝首推近仁，亦能诗。余在上海时，近仁集山谷句，成数诗见怀。"从辈分上看，二人为叔侄，但胡近仁

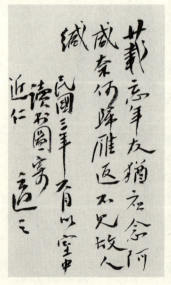 

胡适送胡近仁签名照

仅比胡适大几岁，胡适幼年在家乡接受教育，二人过从甚密。对此，胡适在《四十自述》中曾这样评价："他天分很高，也肯用功，读书比我多，家中也颇有藏书。"在胡适看来，二人的关系是"友师论学业，叔侄叙伦彝"，换言之，对胡适而言，胡近仁介于师友之间，亦师亦友。

1914年8月29日，大概是作为回信，胡近仁寄赠了《苦热怀适之美国诗》：

幽居恒寡欢，俯仰生感慨。
…………
骄阳苦煎熬，斗室况湫隘。
…………
不知重洋外，故人作何态？
颇闻谈瀛者，炎凉正相背。
…………
安得附飞艇，载我美洲内？
…………

该诗应与二人的其他通信比照而观。此前数年，初抵美国的胡适在致胡近仁的信中曾提及："……此间晨兴之时，正吾祖国人士酣眠之候；此间之夜，祖国方日出耳。"这原本是指因时差的关系，中美两国的日夜时间恰好颠倒。不过，僻处乡间的胡近仁道听途说，误以为同在北半球的美利坚，季节变换也与中国正好相反，故有"颇闻谈瀛者，炎凉正相背"之说。当然，阴差阳错的结果，实际

胡适从美国寄往安徽绩溪上川(庄)的信封

上也成就了他借寒暑之变为题,表达对远在海外之"老友"的嘘寒问暖。

当时,远隔着太平洋,叔侄二人鸿雁不断,相互诗文唱和,切磋诗艺。对此,胡适曾提及:

……适近年以来,为蟹行文字所苦,国学荒落不可问。偶有所感,间作诗词,惟都不能佳。写去冬所作古诗三首,奉寄足下,即乞削正。此三诗皆写此间景物,如足下得暇,乞为家慈诵讲之。

从《彭城珍藏近代名人手札》一书所收胡适手札原件来看,有一些就属于状摹西洋景物之作。譬如,有一首《耶稣诞日歌》这样写道:

冬青树上明纤炬（家家供一松树，树上悬彩，插小烛无数，名曰圣诞节树），冬青树下欢儿女。高歌颂神歌且舞，阿母昨夜含笑语。儿辈驯好神佑汝，灶前悬袜青丝缕。神自突下今夜午（突，灶突也，俗名烟囱），朱衣高冠须眉古。神之格思不可睹，早卧慎毋干神怒。明朝袜中实饧妆，有蜡作鼠纸作虎。夜来一一神所予（相传是夜有朱衣神自灶突下，以糖果玩具置袜中以饷儿童，盖皆父母为之，托为神所予耳），明日举家作大酺。杀鸡大于一岁羖，堆盘肴果难悉数。食终腹鼓不可俛，欢乐勿忘神之祜。上帝之子天下主（耶教徒谓耶稣为上帝之子，天下之主云）。

此诗曾载 1914 年 1 月的《留美学生年报》。今查《胡适留学日记》卷三，该诗写作的时间是"十二月廿六日"，并说："昨日为耶稣诞日，今日戏作一诗记之。"所录文字与前揭致胡近仁诗稿原件稍有参差。如"阿母昨夜含笑语"作"朝来阿母含笑语"，"早卧慎毋干神怒"之"早卧"作"早睡"。"冬青树上明纤炬"诗注曰："廿四日为圣诞夕，家家庭中供柏一巨枝，饰以彩线，枝上遍燃小烛无数，名圣诞节树。""夜来一一神所予"诗注曰："俗悬小儿女袜于灶前，谓有神名圣大克罗者，将自突下，以食物玩具置袜中，盖父母为之也。"所谓圣大克罗即"Santa Claus"，指平安夜到各家给儿童送礼物的圣诞老人。这些诗注，是对诗歌本身的解释，也是便于胡近仁向冯顺娣诵

耶穌誕日歌（十二月廿五日為西國大節）

冬青樹上明蠟炬（家家供一松樹樹上懸綵掛以燭花數 冬青樹下
名曰聖誕節樹）

誰見女高歌頓神歌且舞兩母昨夜含笑譏見些

駢好神佑池寵前懸繡書錄纏神自突下今夜午
（突竈突也俗名烟囱）

朱衣高冠髭眉古神之格思不可馱早

卧慎毋干神怒明朝襪中寶錫女有燭作闇紙
（相傳昨夜有朱衣神自竈突下以糖果玩具置襪中以飼兒童）

作虎夜來一一神乎
明朝拳 家作大餔穀難

盖唱父母力之托為神乎子耳

胡适《耶穌誕日歌》

读解说之用。此处特别以"灶突"为言,主要是考虑到中国人的风俗习惯——因为腊月二十四祭灶,与西方的圣诞平安夜,虽然一为农历一为公历,但在时间上却极相巧合;而且,二者也都与灶突有关。根据中国民间传说,此日灶王爷(一本正经的雅名叫"东厨司命五帝灶君")要上天向玉皇大帝汇报工作,俗称"交年"。"古传腊月二十四,灶君上天奏封事",这虽然与圣诞老人下凡赠礼,一上一下亦颇不同,但二者皆以烟囱为通道,可谓异曲同工。这样的类比及解释,显然有助于像冯顺娣那样文化程度有限的山乡农妇更好地理解遐方殊俗。

胡适在美国留学期间,一度对基督教、天主教颇为留

徽州版画中的祭灶(民国纸品,王振忠收藏)

胡适之母冯顺娣

意。当时,第二批庚款留美学生由北美基督教青年会协会主席约翰·穆德(John R. Mott)等人接待。为了便于中国留学生接触美国社会的善男信女,了解基督教家庭的生活状况和相关德行,康奈尔大学附近的基督教家庭(包括许多当地士绅和教职员),都热情接待过中国学生。他们殚思竭虑地组织各类活动,让中国留学生参与。1911年夏,胡适刚从大学一年级升入二年级,就应约前往费洛达菲亚城的孛可诺松林区(Pocono Pines),参加"中国基督教学生联合会"的暑期集会。后来,他在《留学日记》中记载,自己被这小型聚会的兴盛气氛所感动,当场保证以后要去研究基督教。在胡适日记以及后来与朋友通信的函札上,他说自己"几乎做了基督徒"。

对于一年一度的圣诞节,胡适也有细致的观察。1912年12月24日,胡适在其《留学日记》中写道:

> 本日为耶稣诞节之夕,吾辈乃无家可归,因招请无家之游子为解愁之会,名之 Consolation Party,亦斫松树为"圣诞节之树",插烛枝上燃之。树梢遍挂玩具,拈阄表散之。来者围火炉团坐,各道一故事为乐……

当天,胡适还前往天主教堂观看"弥撒礼"。根据他的观察:"教中男女来者,将入座,先屈一膝(如吾国请安之礼),然后入座。座前有木板,人皆长跪其上,良久然后起坐。有儿童数十人,结队高唱颂神之歌。坛上牧师合十行礼,俨如佛教僧徒,跪拜起立……始行礼时,已十一时,礼毕,则已一点半矣。"这是胡适平生第一次走进天主教堂,他深有感触地说:"子夜风雪中,坐此庄严之土,闻肃穆之乐歌,感人特深,宗教之魔力正在此耳!"

翌日为圣诞节,康奈尔大学教师白特生(Patterson)请胡适到家里吃饭,一同吃饭的都是白特生夫妇的亲戚。据胡适描述:"饭后围坐,集连日所得节日赠礼——启视之,其多盈一筐。西国节日赠品极多,往来投赠,不可胜数。其物或书,或画,或月份牌。其在至好,则择受者所爱读之书,爱用之物,或其家所无有而颇需之者,环钏刀尺布帛匙尊之类皆可,此亦风俗之一端也"。当年,白特生夫妇年纪都在五十开外,胡适自感"见待极厚,有如家人骨肉,羁人游子,得此真可销我乡思!……此君夫妇亦怜我无家,能慰我者也"。这让胡适亲身体会到"西方醇厚之俗"——大概是人在异乡,一朝所得关照往往令人终生难忘。为此,1914年5月,胡适母亲冯顺娣专门致函白特生夫人,感谢她对儿子的悉心照顾。冯氏虽略识文字,但不能提笔书写,故由胡近仁代笔,胡适再将其译成英文,转交白特生夫人。对于胡近仁的代笔之作,1914年5月20日,胡适曾评价说:"老友代吾母所作致白特生夫人书极佳,稍嫌多客套语耳。西方人作书如说话,不作无关系之客气话。老友见适所译原书,可见一斑也。"因此,胡适在翻译时显然做了一些改动。

在此前后,胡适还参加了一些与宗教相关的活动。如

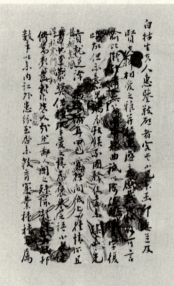

致白特生夫人的信函（胡近仁代笔）及胡适之英译件（见杨翠华等编：《胡适晚年身影》，南京大学出版社，2014年版）

1914年1月28日,他曾追记"宗教之比较研究"的讲演活动,这是康奈尔大学基督教青年会的公开讲课,主题是讨论世界诸大宗教之源流得失,其主讲者多是北美高校的著名学者,演讲题目包括:

宗教史,原始宗教,古代宗教,中国古代之国教,孔教,道教,日本之神道教,印度吠陀时代之宗教,婆罗门教,原始佛教,后期佛教,先知时代之犹太教,教典时代之犹太教,近代犹太教,摩诃末之宗教,回教的演变,回教中之密教,耶稣之教旨,希腊化之基督教,中古基督教,近世基督教,亚洲西部之基督教,亚洲东部之基督教。

当时,才华横溢的胡适也应邀主讲"中国古代之国教"、"孔教"和"道教"三题。他认为,此一演说之大益在于教学相长。不过,从演说的内容来看,这实际上也与他一直在思考的"孔教问题"密切相关。稍早于此,胡适在日记中写道:"今人多言宗教问题,有倡以孔教为国教者,近来余颇以此事萦心。"关于"孔教"之思考,他的关注点在于——立国究竟是否需要宗教?中国究竟是否需要宗教?如果确实需要宗教,那么应当是以什么样的宗教比较适宜?倘若要复兴"孔教",究竟什么才是"孔教"?当代人心心念念希望复兴的"孔教",究竟是"二千五百年来之孔教"呢?还是经过"革新之孔教"?如果要革新

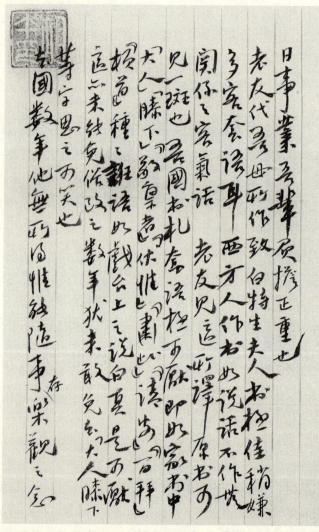

胡适与胡近仁讨论致白特生夫人信函之得失

"孔教",需要通过什么样的途径来实现?除了孔孟之外,如何处理与诸子(如管子、墨子、荀子等)的关系?如果不必有宗教,那么要用什么东西来填补此一真空?是用东方或西方的伦理学问,还是用法律政治来规范?——从这些思考中我们可以看出,当年,胡适是在世界文明比较的大背景下思考传统文化的未来,他希望为中国文化寻找合适的定位。而今,百余年后的不少见解其实并未见有多大长进,等而下之者,甚至已沦为"僵尸出祟"(周予同先生语)般的闹剧……

阅读胡适留学期间的诸多史料不难发现,他的观察与思考,有不少实际上涉及东西文化中的礼俗关系问题。从传统到现代,礼与俗的关系既密切又微妙。一些礼本身便起源于民间习俗,而部分约定俗成的民间习俗又因其世代传承,形成相对稳固的风俗习惯,而为普罗大众所遵循,从而具备了部分礼的要素,甚至进而经整理、加工,最终升格为具有严格规范的礼仪。因此,入国问俗,由俗入手,可以很好地观察到礼仪乃至宗教、文化的传承与嬗变。在与胡近仁的诗稿中,胡适于"耶稣诞日歌"标题之后注曰:"十二月廿五日为西国大节。"诗后又注曰:"此种诗但写风俗,不著一字之褒贬,当亦乩国者所许也。"在这里,胡适对于圣诞节等的细致刻画,显然与他对中西文化的思考不无关系。

据说,圣诞节初传入中国,国人多以"西国冬至"类比。之所以做这种类比,并非无据。因为在传统时代,冬至是"阴极之至,阳气始生",属于季节更替的一个重要节点。南宋孟元老《东京梦华录》记载:"十一月冬至。京师最重此节,虽至贫者,一年之间,积累假借,至此日更易新衣,备办饮食,享祀先祖。官放关扑,庆祝往来,一如年节。"及至明清时代,在民众心目中,冬至的地位仍然相当重要。在徽州,冬至之日,除了祠中祭祖之外,人们还要上墓祭祀祖先,所谓"墓祭三回重本源,清明冬至及中元。寒衣烧献金银袋,但只清明许乞墦"。与清明和中元一样,冬至日全家老小亦需带上祭品,到祖坟上祭祀一番。有些地方称冬至为送寒衣节,这是因为冬至到了,寒气袭人,人们想起了九泉之下的亲人,于是以有色纸糊制成许多纸衣,或多买些黄裱纸,以此代为布帛烧给亡人,甚至有附会为孟姜女的相关故事。

在胡适老家绩溪,冬至时例须举行祭祖大典,各宗祠、支祠聚集族丁行礼如仪,极为隆重。"做冬至,办祭仪,猪羊抬盘"——此一描述,出自晚清、民国时期的一册启蒙读物,反映了流行于民间的诸多通俗常言。在徽州,猪羊祭是极为隆重的一种祭祀礼仪。在传统中国,不少地方都有"冬至大如年"的说法。

从节俗来看,中国之冬至的确也与西方之圣诞颇相类似,因为此日与腊月二十四一样,都是凡人与神明、祖先沟通的日子。而且,从节气上看,此日也正值一年的酷寒时节。就在《耶稣诞日歌》之后,胡适还写有《大雪放歌》诗:

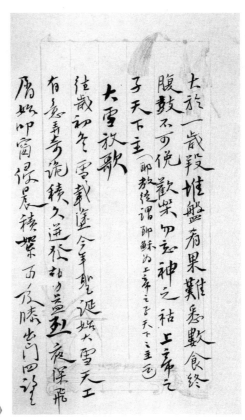

胡适《大雪放歌》

往岁初冬雪载途,今年圣诞始大雪。天工有意弄奇诡,积久迸发势益烈。夜深飞屑始叩窗,侵晨积絮可及膝。出门四望喜欲舞,琼瑶十里供大阅。……开窗相看两不厌,清寒已足消内热。百忧一时且弃置,吾辈不可负此日。

根据《胡适留学日记》,此诗作于 1914 年 2 月 23 日,是追写"岁末大雪景物"。胡适撰写此诗时的民国初年,虽然新历在中国逐渐推行,但在民间,冬至在岁时节俗中仍然极为重要。笔者曾见有一册徽州人抄录的《短期小学课本》,其中的《国历二十节歌》这样写道:

改用新历真方便,二十四节极好算。每月两节日期定,年年如此不更变。……诸位熟读这几句,以后宪书不必看。……立冬小雪农家闲,拿去米棉换洋钱。只等大雪冬至到,把酒围炉过新年。

在中国的一些地方,冬至之日有时是大雪封门。此情此景,的确与西方的圣诞节颇相仿佛。

(原载"澎湃新闻"2017 年 12 月 24 日)

胡适的兄弟分家阄书

一

胡氏是徽州的大姓，尤其是在绩溪，当地十八万人口中，大概每七个人中就至少有一个姓胡的。自古迄今，胡姓人才辈出，仅以明代以来为例，著名的如明朝抗倭名将胡宗宪，清代"礼学三胡"（胡匡衷、胡秉虔、胡培翚），晚清"红顶商人"胡雪岩，中华老字号"胡开文"墨庄之经营者，现代文坛巨匠胡适，复旦大学语言学家胡裕树，华东师大二十多年前决然离世的文学才俊胡河清等，都是绩溪人。至于中国当代政坛的领袖人物，自然更不必细说……不过，这些人虽然都姓胡，但彼此并不同宗，有的虽然同宗，但却不同族。据说，绩溪胡氏以境内的徽岭为界，有岭南、岭北之分，俗有"南胡"和"北胡"的说法。具体言之，依其迁入绩溪的先后，胡姓人群又分别有城北之"金紫胡"，大坑口的"龙川胡"，县治遵义坊的"遵义胡"以及"明经胡"等。这些在外人看起来颇为细微的差别，却时常引起误解。最为典型的一个例子就

晚年的胡适

是——蔡元培在为胡适《中国哲学史大纲》撰写序文时,即曾张冠李戴,想当然地将他人先祖之胤脉移花接木,结果害得数十年后胡适仍不得不出面郑重声明予以澄清……

在绩溪诸胡中,有关"明经胡"的来历最具传奇色彩。根据族谱的记载:唐朝天祐元年(904),朱温威逼唐昭宗李晔从长安迁都洛阳,御驾途中,何皇后分娩一子。此时,唐昭宗为篡位心切的朱温所弑。皇宫近侍胡三目击时艰,遂携襁褓中的皇儿潜回皖南,并易姓名为"胡昌翼"。此儿长大成人后,已是五代后唐时期,胡昌翼以明经科及第,此后便在徽州开枝散叶,子孙蕃昌,世族昭著,人称"明经胡"。"明经胡"亦有"李改胡"之俗称,意思是他们的祖先源自李唐皇室……这些,当然是姑妄言之姑妄听之的民间传说。对于此类"源远流长"的谱系，出自"明经胡"的胡适就颇不以为然，他在为其红颜知己曹诚英家族所编的旺川《显承堂族谱》撰序时就指出："中国的族谱有一个大毛病，就是'源远流长'的迷信。没有一个姓胡的不是胡公满之后，没有一个姓张的不是黄帝第五子之后，没有一个姓李的不是伯阳之后。家家都是古代帝王和古代名人之后，不知古代那些小百姓的后代都到哪里去了？"不过，据当地人考证，胡雪岩、"胡开文"和胡适等，皆同属于"明经胡"，他们既同姓又同宗。

胡适晚年手绘的徽州地图

十数年前，安徽有位文史学者写了一本考证胡雪岩、胡适等"明经胡"的著作，盛情邀约叶显恩先生和我为之分别撰写序文。那是我平生首度为他人著作佛头着粪，故而颇为慎重，也还花了一点功夫。对方如期收到序言后，似乎很是满意，除了多次致谢外，大概算是作为回报，他寄了一大信封的徽州文书资料送给我，其中就有胡雪岩在绩溪为族人出头打官司的诉讼案卷（抄本复印件），此外，还夹有一份胡适兄弟的分家阄书……

二

胡适的兄弟分家阄书稍有残破，内容也比较简单，其序文曰：

吾家祖遗旧产，仅基地一方、菜地一条而已。先夫仕宦十余年，清介自持，身后俸余，亦只数千金。其时稼儿虽已授室，秬、秠二儿犹未冠，糜儿才五岁耳。余念家事之艰，诸儿之幼，不惮劬劳，悉心训督，迄于今日，已十五年，诸儿均已长成，各能自立，余心殊慰。自维对于先夫，亦可稍释其责，乃告诸儿，为作分析之计，俾各治其事，各安其居。综计先夫所遗，除历年日用婚娶所费，存□□□□□经营商业所亏外，举内外所存田地、屋宇□□□□□公亲代为主持配搭，立□（元）、□（亨）、利、贞四阄，盟于先夫之神前，拈阄执业，务求各极其平。其间应坐、应贴各款，或体先人之意，或尽为子之道，或推友爱之情。诸儿各顾大义，出自本心，深可嘉焉！至秠儿虽已继出，兹亦与派田产四分之一者，遵先夫之遗训也。外欠之款，归秬儿独任者，本其志愿也。夫兄弟如手足，友爱之情，初不因分合而有间。自分之后，愿诸儿相扶相助，亦如其未分之前，无少变异，是则余之厚望也夫！

宣统元年四月　日立阄书人胡冯氏　押
　　　　　　仝男　　嗣稼　押
　　　　　　　　　　嗣秬　押
　　　　　　　　　　嗣穈　押
　　　　　　仝孙　　思永　押
　　　　　　亲房　　吉庭　押
　　　　　　　　　　嗣穆　押
　　　　　　　　　　嗣秋　押
　　　　　　胞弟　　冯敦甫　押
　　　　　　凭公　　钟宏　押
　　　　　　　　　　孝成　押
　　　　　　　　　　朗山　押
　　　　　　执笔　　禹臣　押

从上文可见，分家阄书共一式四份。在阄书上押署者有分得家产的三个儿子：长子谱名排行为洪骏，乳名嗣稼；次子排行名洪雅，乳名嗣秬；四子排行名洪骅，乳名

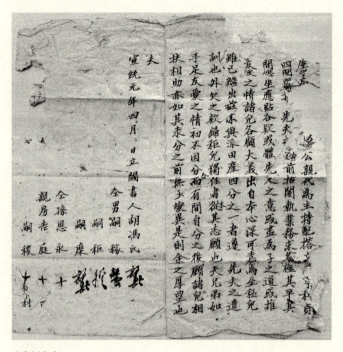

分家阄书序

嗣糜(即胡适)。胡适的三哥排行名洪骓,乳名嗣秬,但他并未出现在分家阄书上(详后)。对于该份名单,稍微留心者便会发现,这家人谱名排行中的"骏""雅""骓""骍"都与骏马有关,而乳名则皆带有"禾"字偏旁。根据今人的研究,此类冠名寓意遥深,似乎昭示着胡氏先人之苦心擘画——安常便是福,守分过一生,他们殷切期盼子嗣在本地能守住祖业、辛勤耕种,在外埠营商求学则骏马奔腾、事业有成。

上述这份分家书之封面上题有"思永执"三字，可见当为胡适的侄子胡思永所保留。胡思永系胡适三哥胡洪𬭼（嗣秠）之子，生于1903年，此次分家时不过七岁。后来，胡思永于1919年考入天津南开中学，因肺痨病及失恋之刺激，年仅二十一岁就含愤去世。他与绩溪人汪静之一样，皆属"五四"新诗人，其遗诗后由好友、同乡程仰之辑录，共成一百零三首，名为《胡思永的遗诗》，于1924年由绩溪人汪孟邹在上海创办的亚东图书馆出版。关于该书，胡适曾为之作序，并声称："如果新诗中真有胡适之派，这是胡适之的嫡派。"这些当然都是后话。

在传统中国的分家习俗中，诸子均分是各地民间分家的基本原则，徽州自不例外。订立分家文书时，通常是邀请众人（如族中亲戚等）做证，按照参与分家子孙之多寡，将产业平均分成数份，每份标明字号——如孝、悌二阄，天、地、人三阄，元、亨、利、贞四阄，仁、义、礼、智、信五阄，礼、乐、射、御、书、数六阄，孝、悌、忠、信、礼、义、廉、耻八阄等。届时，还要在祖先灵前燃香发誓，让诸子以拈阄的方式，决定自己所应分得的那份家产。也正因为如此，分家书通常也被称作"阄书"。

在胡适的老家绩溪上庄一带，旧时有些夫妻婚后多年无子，为确保"香火"传承，就要到别人家收养一个继子。收养继子的顺序，首先是本家兄弟之子。若长房无子，二、三房兄弟，哪怕只有一个儿子，也要将其过继给长房，以确保长房不致乏嗣。倘若兄弟皆无子嗣，则由近及远收养继子。据胡适之父胡传的《钝夫年谱》记载,光绪六年(1880)"三月,心斋、理斋二叔祖及伯母汪氏,与珍兄之柩皆回里。钝夫以秠儿后珍兄,承继先伯考之祀"。钝夫即胡传(字铁花),而"秠儿"则系胡洪䮒(乳名嗣秠),为胡适的三哥(亦即该册阄书的收执人胡思永之父),他于1880年过继给"珍伯父"为嗣。胡铁花兄弟五人,其中,铁花最为年长,所以"珍伯父"显然应是年长于铁花的族内从兄。

胡嗣秠被父亲过继给族伯父,据说因此而痛苦不堪。对此,胡适后来有感而发,在《安徽白话报》上发表《论承继之不近人情》,认为过继一事,是"中国几千年来……最伤天理、最伤伦理、最岂有此理的风俗"。此文发表于1908年,比该份分家书还早一年。由于过继,胡嗣秠丧失了在家庭中平等继承家产的机会,而只能由他的儿子胡思永获得部分家产。故此,上述这册分家书当为"利字阄",因"三房继出,思永得"。从"利字阄"的家产清单来看,其田产不过六分八(不到一亩),远低于其他三房,各类"大买田"之收入共计四十六秤。所以序文中说,因其已过继给胡适的"珍伯父",故田产并未均分,只是由他的儿子来收入这区区四十六秤。

该册分家阄书制作于宣统元年(1909)四月,序中的"先夫",也就是胡适的父亲胡传(1842—1895)。胡传,字铁花,号钝夫,出生于徽商世家,他本人也曾运茶前往上海经销。胡适出生后两个月,胡铁花就被台湾巡抚邵友濂调往台湾，担任台东直隶州知州，兼统镇海后军各营。为此，胡适和母亲也曾在台南居住过十个月。1894年，中日甲午战争爆发，北洋海军全军覆灭。1895年，胡铁花将家眷送回徽州故乡，只留次子嗣秬跟他留在台东。此后，《马关条约》签订，台湾绅民坚决反对割让，决意自主抗日，遂推举唐景崧为"台湾民主国"总统，帮办军务刘永福为主军大总统。1895年6月上旬，日军攻陷基隆，"台湾民主国"旋即解体，但抵抗日军的战斗仍然持续了数月之久。当时，总兵刘永福坚持抗日，并请胡铁花协助。此后，胡铁花因病重，致两腿不能行动，只得内渡，不幸于8月病故于福建厦门。从徽州文书形成的惯例来看，分家阄书序文通常会缕述家庭的创业历程，该册阄书虽然简单，但也提及："先夫仕宦十余年，清介自持，身后俸余，亦只数千金。"对此，胡适在后来的《四十自述》中亦曾指出："父亲死后，只剩下几千两的存款。"与此恰可比照而观。

由于丈夫早逝，故而"立阄书人"为"胡冯氏"，亦即主持分家的长辈为胡适之母冯顺娣，这在徽州的分家书中，有时也被称为"主盟母"。揆诸实际，绩溪上庄一带的分家，财产搭配由父母做主，娘舅主事，另请中人撰写分单阄书。胡适的兄弟分家阄书就由舅父冯敦甫"主事"，而"中见"则是他的一些本家。其中，"主事"者冯敦甫，也是后来胡适与江冬秀成婚的介绍人；而"中见"中的胡朗山，后来也成为胡适婚礼的主婚人。这些，都见于《胡适未刊稿·归娶记》(载《东方早报·上海书评》2014年6月22日)一文。另外,在传统时代的徽州,私塾先生手头通常都有一些村落日用类书抄本,其中密密麻麻地抄录了各类的应用文活套,每当村民有所需要,就会去找他们代为书写。而胡适兄弟的这份分家阄书,就是由他的私塾老师胡观象(禹臣)执笔代书。

三

在传统时代,分家是人生的一件大事。宋人朱松曾写过一篇《戒杀子文》,其中提及:徽州婺源人一般都只生育两个儿子,"过是不问男女,生辄投水盆中杀之。父母容有不忍者,兄弟惧其分己赀,辄亦从旁取杀之"。朱松是著名理学家朱熹的父亲,上述文字见其所著的《韦斋集》。此段描述说明,早在12世纪的南宋时期,分家时的财产纠葛,已深刻地影响到徽州人的家庭规模。

兄弟本是同气连枝,自竹马游嬉迄至骀背鹤发,彼此相与周旋常达数十年之久,但成人之后,有的却因分家时的财产纠葛而同室操戈,竟至不相往来。清人姚永朴在《旧闻随笔》中曾提及,著名学者俞正燮系徽州黟县人,其人嗜书如命。黟县有个孙姓富人,筑有"居敬堂",藏书多达万卷,俞正燮只要返回故里,就常常前往那里读书。孙氏对读书人颇为尊重,不仅慷慨借阅,而且还免费为之提供饮食。有一天,俞正燮进城,见有衙役正在修葺一处新宅，装潢布置得相当华丽，俞氏便很好奇地问起何以如此大兴土木，对方回答说："孙某富人，今兄弟析产，将讼于官，此吾辈获利时也！"听罢此言，俞正燮很是感慨，急忙赶回，将此事告知孙姓富商。于是，孙氏兄弟重归于好，分家亦得以和平落幕……此一故事反映出——分家析产在日常生活中是极为重要的一件大事，斗粟尺布，煮豆燃萁，稍有不慎，便会兄弟阋墙，引发诉讼纠纷。

关于徽州的分家惯习，晚近时期的民间文书中有不少描摹。譬如，抄本《通用杂字》就写道："承分祖产，管业至今，拨单可据，品股均匀，拈阄为定，毋许争论，各遵规条，不可相侵。"上述的四言杂字，是在徽州民间流传颇广的一册启蒙读物。一般说来，浅显易晓的启蒙读物所载，往往是当地民众最为实用的通俗常言，集中反映了民间社会通常的惯例。在这方面，胡适兄弟的分家阄书则是一个具体的例证。

胡适在家排行老四，乳名"嗣穈"，他所拈得的是"亨字阄"，在其名下的田产包括：

身字一百四十九号、一百五十一号，田税壹亩贰分，土名箬笠冲，

  大买起佃田拾肆秤，佃人汪茂生；

盖字四伯（百）九十号、九十八号，田税柒分，土名粟里冲，

  大买起佃田拾秤，佃人先友；

□字四十九号,田税柒分,土名柯家百邱,

　　大买原租田拾秤,实租柒秤,佃人柯细让;

……,田税叁亩肆分柒厘肆毫叁丝,土名西岭降,

　　大买起佃田五亩零五升,佃人叶运恩;

……一伯【百】六十二号□屋基地税捌厘肆毫,土名前村,

现造前后通眷楼屋全堂,并屋前廊步三间,晒坦壹片,通共西边一半,屋后厨灶公用。

文昌会两股。

徽州的土地字号是以《千字文》为序加以编排,《千字文》中有"盖此身发,四大五常,恭惟鞠养,岂敢毁伤"之句,故此处的财产清单中有"身字""盖字"。从"亨字阄"来看,分在胡适名下的田产大约有十亩。就清代徽州的地权分配状况来看,当地农户一般耕地面积不到十亩,自有地如超过十亩,那就要雇用一些短工或长工,或者是出租一部分的土地。胡适出身于徽商世家,将土地出租给他人代为耕种是常态。对此,胡适在《四十自述·九年的家乡教育》中曾指出:"每年秋天,我的庶祖母同我到田地去'监割'(顶好的田,水旱无扰,收成最好,佃户每约田主来监割,打下谷子,两家平分)。""监割"也就是地主临田监割,按当地通行的分成比例征租,叫作监分(亦即分成租)。佃户交纳分成租,通常较交纳定额租要宽松一些。另外,徽州的地权形态分成"大买"

和"小买"（即田底和田皮），前者是土地所有权，后者是佃农耕作权或土地使用权。就当地的具体情况来看，每秤大约是二十斤。

值得注意的是，亨字阄的最后，还有"文昌会两股"，这与上庄一带的民间信仰密切相关。对此，胡适在《四十自述》中有一节谈及自己"从拜神到无神"的经历，其中说道："我家中的女眷都是深信神佛的。……依家乡的风俗，我母亲也曾把我许在观音菩萨座下做弟子，还给我取了一个佛名，上一字是个'观'字，下一字我忘了。我母亲爱我心切，时时教我拜佛拜神总须诚心敬礼。每年她同我上外婆家去，十里路上所过庙宇路亭，凡有神佛之处，她总教我拜揖。""文昌会"是徽州绩溪一带常见的会社组织，迄今，在绩溪县委党校内还有清代金紫胡氏宗祠附属的文昌阁，为县级文物保护单位。而在上庄附近的旺川村，明末崇祯十一年（1638）的一册日记记载，村中的文昌阁悬钟重一千余斤，花费的白银多达三十一两六钱。当时，村民还在老屋立文昌会，共有二十四人参与祭灯和修屋，每人出银一两。及至11月，迎文昌神登座。次年2月，又立文昌会，参与者共计三十人，每人出银五钱。该段史料出自《应星日记》的记载，反映了当地文昌会的组织方式。举行文昌会的时间一般在二月初三，参加者多达数十人，每人出银五钱，也就是一般意义上的"一股"。文昌会通常置有田产，并将其田产招租生息。各人所持有的文昌会股份，是参与会期的祭祀及分胙的一种权力，对于家庭而言则是一种财产,可以世代继承,当然也可以转让、买卖。

四

20世纪50年代,胡适应美国哥伦比亚大学"中国口述历史学部"之邀,做过十六次的口述回忆。二十年后,当年协助胡适完成此项口述的唐德刚教授将之译成中文,取名为《胡适口述自传》。其中的第一章为"故乡和家庭",对"徽州人"和"绩溪上庄胡氏"家族做了简单的描摹:

徽州在旧制时代是个"府",治下一共有六个"县"。我家世居的绩溪县,便是徽州府里最北的一县。从我县向南去便是歙县和休宁县;向西便是黟县和祁门县;祁门之南便是婺源县。婺源是朱子的家乡。朱熹原来是在福建出生的,但婺源却是他的祖籍。

徽州全区都是山地,由于黄山的秀丽而远近闻名。这一带的河流都是自西北向东南流的,最后注入钱塘江。因为山地十分贫瘠,所以徽州的耕地甚少。全年的农产品只能供给当地居民大致三个月的余粮。不足的粮食,就只有向外地去购买补充了。所以我们徽州的山地居民,在此情况下,为着生存,就只有脱离农村,到城市里去经商。因而几千年来,我们徽州人就注定的成为

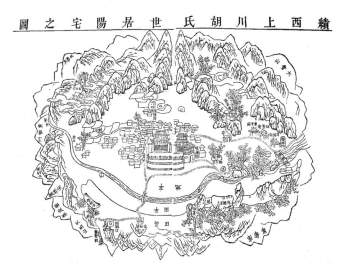

胡适故里上庄村落图

生意人了。

以绩溪上庄为例，太平天国以后，胡氏一族在家的老幼男女大约是八百余人，而"阖族为工商于外者"则多达四百余人。胡适出自茶商世家，早在清嘉庆年间，他的高祖就在浦东川沙开设了茶叶店，店号"万和"，及至其祖父时，胡万和老店大大发展，在上海开了茶叶分店，在汉口开设徽馆（徽菜馆或徽面馆）。其中，以胡万和最为重要，该店经营有方，财源茂盛。胡适十四岁离开绩溪前往上海读书，学杂费用均由川沙店支付。

川沙原为浦东滨海的僻野荒陬，清嘉庆十年（1805）

奏准设立抚民厅，及至清末的宣统三年（1911）才改厅为县治。有鉴于此，据说当地曾流传着一句"先有胡万和，后有川沙县"的俗谚。对此，胡适回忆说：

我家在一百五十年前，原来是一家小茶商。祖先中的一支，曾在上海附近一个叫川沙的小镇，经营一家小茶叶店，根据家中记录，这小店的本钱原来只有银洋一百元（约合制钱十万文）。这样的本钱实在是太小了。可是先祖和他的长兄通力合作，不但发展了本店，同时为防止别人在本埠竞争，他们居然在川沙镇上，又开了一家支店。后来他们又从川沙本店拨款，在上海华界（城区）又开了另一个支店。在太平天国之乱时，以及先祖和家人在受难期间，和以后如何挣扎，并以最有限的基金复振上海和川沙两地店铺的故事，都有详尽的记录。这实在是一场很艰苦的奋斗。据1880年（清光绪六年）的估计，两家茶叶店的总值大致合当时制钱二百九十八万文（约合银元三千圆）左右。这两个铺子的收入便是我们一家四房，老幼二十余口衣食的来源。

据《钝夫年谱》记载，父亲胡奎熙精于商贾榷算，"十余年间，竭力经理，外偿积欠，内给一家衣食婚娶之费，复扩而充之"。这十余年间，正逢战乱，胡奎熙在艰难竭蹶之中不断创业，先后扩充店业六处，最盛时有四处茶铺同时经营。不过，因兵燹战乱，这些茶铺旋开旋歇，最短的存在时间仅只四年。及至1873年胡奎熙去世时，只剩下上海、川沙的两处店铺。1880年，胡铁花与其叔祖分家，川沙一处店业归铁花一脉所有。

此外，上揭的分家阄书序文中还提及："外欠之款，归柜儿独任者。"胡适的大哥从小就是颟顸无能的败家子，吸食鸦片烟、赌博，钱一到手即刻挥霍殆尽，每年除夕家中总有一帮债主前来讨债，所以在家里没有什么地位。阄书中的"嗣柜"，也就是胡绍之（1871—1929年），为胡适同父异母的二哥，此人是胡适三个哥哥中最能干的一个，曾随父亲前往台湾任职，1895年胡铁花病故后，胡绍之扶柩返乡安葬。他十七岁起就主持家业，统揽生意和家政，往来于上海、汉口之间，颇为辛劳。胡适在《四十自述》中说："我家本没有钱。父亲死后，只剩下几千两的存款，存在同乡店家生息，一家人全靠这一点出息过日子。后来存款的店家倒账了，分摊起来，我家分得一点小店业。我的二哥是个有才干的人，他往来汉口、上海两处，把这点小店业变来变去，又靠他的同学朋友把他们的积蓄寄存在他的店里，所以他能在几年之中合伙撑起一个规模较大的瑞兴泰茶叶店。"正是得到友人的支持，胡绍之与他人合伙，经营瑞兴泰茶叶店，以及汉口的茶店、酒楼、公义油坊等。这些，均由其一手经营。直到1915年，绍之在给胡适的家信中才提及："七代之店（川店），何忍及吾身而闭歇"，不过，当时的胡绍之已无意营商，家业因用人不善、疏于管理而江河日下……

值得注意的是,1909年制作的这册分家阄书中,并没有提及胡家的店铺资产。这一点,应与徽商的经营文化密切相关。胡适与徽墨名店"胡开文"之经营者同属于"明经胡",也同样出自绩溪上庄村。1949年以前,胡适与家乡的银钱汇兑,常常是以芜湖的"胡开文"墨庄为中介。无独有偶,胡开文墨庄的阄书亦保留迄今。从阄书上看,"胡开文"就规定"分家不分店",具体的做法是——每个儿子的利益,都以股份的方式在店铺中体现。也就是将店铺的资产分成数股,在儿孙中挑选一个人经营,其他人则以股份的方式每年参与分红,这就是"分家不分店"。这样,既能很好地保证经营规模之不断扩大,又不致因分家而造成商业竞争力的丧失。此种"分家不分店"的做法,在传统时代的徽州极为普遍。想来,胡适家的情况亦与此颇相类似。

五

光绪十七年十一月十七日(1891年12月17日),胡适生于上海大东门外的川沙(今属浦东)。据说,童年时代,胡适最喜欢背诵的一首诗是:"人心曲曲湾湾水,世事重重叠叠山。"现在,这首诗被镌刻在上庄胡铁花的墓园内。人心的曲折隐微,世事的复杂多变,生活在大家庭中的胡适,大概对此是感同身受。

胡铁花娶妻凡三次,前妻死于太平天国之乱,续弦生了三男四女后也过世了。此后,胡铁花再取一位农夫兼裁缝的长女,此即胡适之母冯顺娣。冯顺娣十七岁嫁与胡铁花做填房,两年后生了胡适。又过了四年,胡传去世,冯顺娣二十三岁就守寡,做了一个有许多成年儿女的大家庭之"晚娘"。她所面对的,当然不是子媳承欢、孙曾绕膝的局面。当时,胡适的大姐较冯顺娣大七岁,大哥比她大两岁,孪生的二哥、三哥仅比她小四岁。故此,她虽是名义上的一家之主,但丈夫前妻所生的儿子、媳妇,对她却并不买账。特别是两位不明事理的儿媳,妯娌间常为一些鸡毛蒜皮闹得不可开交。谁也占不了上风时,她们便会将气撒到婆婆身上,甚而会以尖刻的语气指桑骂槐。每当此时,冯顺娣只能忍气吞声,尽量避免冲突,实在忍无可忍时,便悄悄地前往邻家去闲聊一会儿,或者一个人独自卧床柔声大哭,哭她早丧的丈夫……

铁花先生的早逝,让冯顺娣这位倔强的女人将全部的希望都集中在亲生独子身上。对此,胡适在《四十自述》中这样写道:

……我父亲在临死之前两个多月,写了几张遗嘱,我母亲和四个儿子每人各有一张,每张都只有几句话,给我母亲的遗嘱上说糜儿(我的名字叫嗣糜,糜字音门)天资颇聪明,应该令他读书。给我的遗嘱也教我努力读书上进。这寥寥几句话在我的一生很有重大的影响。

我十一岁的时候,二哥和三哥都在家,有一天我母亲向他们道:"穈今年十一岁了,你老子叫他念书,你们看看他念书念得出吗?"

二哥不曾开口,三哥冷笑道:"哼,念书!"二哥始终没有说什么。

我母亲忍气坐了一会,回到了房里才敢掉眼泪。她不敢得罪他们,因为一家的财政权全在二哥的手里,我若出门求学是要靠他供给学费的。所以她只能掉眼泪,终不敢哭。

但父亲的遗嘱究竟是父亲的遗嘱,我是应该念书的。况且我小时很聪明,四乡的人都知道三先生的小儿子是能够念书的。所以隔了两年,三哥往上海医肺病,我就跟他出门求学了。

…………

在徽州,"遗嘱"也作"嘱书",是对分家的简单交代。虽然这五份遗嘱没有保存下来,但在《胡传日记》中,还保存有光绪二十一年五月二十八日(1895年6月22日)写给二哥嗣秬的一份遗嘱(亦见唐德刚译注《胡适口述自传》),其中对于自己一生的经历有简单的描述。从徽州分家书的惯例来看,如果主持分家的是他本人,类似的自叙生平通常会置于阄书序言的第一部分,主盟者借此以彰显祖德昭示来兹。

胡铁花病逝时,胡适仅三岁多,但严父生前每天用红笺方块教授,牙牙学语的他已认得八百多个汉字了,故而铁花先生认为孺子"天资聪明",应当"努力读书上进"。1895年5月,胡铁花在临终前两个月,给妻儿留下遗嘱,说"糜儿天资聪明,应该令他读书",并要求胡适"努力读书上进"。后来,胡适曾追忆:"先母督责至严,每日天未明,即推适披衣起坐,为缕述先君道德事业,言'我一生只知道有此一个完全的人,汝将来做人总要学尔老子'。天明即令适着衣上早学。"当时,在绩溪上庄村西头有一座两层两进的普通民居,村人胡禹臣在屋里设一私塾,取名为"来新书屋",寓意是前来就读的孩子日新月异地成长。胡适曾在这里读书,度过了童年和少年的大部分时光。胡适曾说:"我们做小孩子时候,天刚亮便进学堂,去上早学,空着肚子,鼓起喉咙,念三四个钟头才回家去吃早饭,从天亮直到天黑,才得回家。晚上还要念夜书。"其时,与胡适同一私塾读书的有十来个孩童,但他们大多不爱学习,对读书没有兴趣,常常逃出去,躲在麦田里,宁可在麦田里挨饿也不愿意念书。而胡适则与之不同,他天资聪颖,悟性又好。另外,其他学生送给先生的束脩每年仅只两块银元,胡禹臣认为学金太轻,故而只教他们念书、背书,不给讲解。而冯顺娣则渴望胡适读书,所给的学金特别优厚。第一年就送了六块银元,以后逐年增加,最后一年加到十二元。冯氏希望先生对胡适严加管教,要为自己的儿子讲解书本的内容,一字一句,皆须讲明意思。正是在这种环境下,胡适才得以驰骛翰墨,学业突飞猛进。

因先祖商业的关系，胡适的二哥、三哥都在上海接受教育。是时，欧风东渐，新潮澎湃，他们在大都市受到时代思潮的洗礼，因此不要胡适"开笔"做八股文，也不要求他学做策论经义，而只是请胡禹臣为之讲书、广拓见闻。对此，胡适在《徽州谈》一文中，对徽州的教育及其前景有过精彩的描述：

（徽州人）到了十三四岁，把那些什么《开宗明》哪，《天文》哪，《梁惠王》哪，都读完了，做父母的，便不叫儿子读书了。穷苦的庄稼人家，便叫儿子帮着老子做活，一天辛苦到晚，自不用说了；以外的人家，儿子到了十三四岁，便叫他"出门"。怎么叫做"出门"呢？譬如有人到上海来，便叫儿子跟他来上海，找一家店铺，送进去学生意。这叫"当学生"。……（原载1908年11月14日《安徽白话报》第5册）

对于徽州的这种商业传统及其文化影响，胡适有过极为贴切的回忆：

我乡人这种离家外出，历尽艰苦，冒险经商的传统，也有其文化上的意义。由于长住大城市，我们徽州人在文化上和教育上，每能得一个时代的风气之先。徽州人的子弟由于能在大城市内受教育，而城市里的学校总比山地的学校要好得多，所以在教育文化上说，他们的眼界就广阔得多了。因此在中古以后,有些徽州学者——如12世纪的朱熹和他以后的,尤其是18、19世纪的学者像江永、戴震、俞正燮、凌廷堪等等——他们之所以能在中国学术界占据较高的位置,都不是偶然的。

当时,在全国的各大商埠,处处都留下徽商活动的足迹。不少商人甚至在各处落地生根,他们的子弟往往是在大城市接受良好的教育,得以一改穷乡僻壤的局闭野塞,从而在各行各业崭露头角。也正是在这种背景下,胡适于十四岁(1904)时跟随三哥赴上海,入梅溪学堂(后改入澄衷学堂、中国公学和中国新公学),在上海住了六年,从此黄卷青灯,壮志鹏飞。并在1910年以后赴美,先后就读于康奈尔大学、哥伦比亚大学,登坛立帜,最终成为国际知名的学者和思想家,中国新文化运动的领袖人物。

六

据说,胡适早年曾随叔父在泾县药店做过几个月的学徒,但他无意于商贾,于是写信给二哥要求读书。1904年,胡绍之自上海返乡,他认为适之天资聪颖,父亲又有"要縻儿好好读书"的遗嘱,父命不可违,遂问冯顺娣说:"我想带縻弟到上海读书,不知您放心吗?"胡母速声答曰:"好!好!这也是还你父亲的遗愿。"这是胡适一生的关键性大事。后来,他在上海六年的学习,一切全靠二哥的关照。

胡适的二哥胡绍之是位颇有见识的人物,他在胡适到达美国康奈尔大学之初,就致信鼓励:

> 吾弟天资超卓,宜可大成,频年为家境所限,中途废学,又无名师益友以相砥砺,故所成未广。今幸得此机会,此实先灵之默佑。万望从此矢志向上,专心力学,以收桑榆之效。
>
> 至家中各事,有余力任,尽可不必置怀。堂上薪(菽)水之奉,已照来信代寄,以后按年当照此办理,毋庸弟之分心。以后弟经费如有所余,或暂存银行,积成巨资,以为日后所需;或置购图书仪器,以资学问之研究,不必急于还债,亦不必兼顾家中。总以全付(副)精神,贯注于学问之上,务求达此目的然后已。其余均不重要,一概抛之九霄云外,所谓智者急先务也。(《胡绍之致胡适》,1910 年 11 月,见杜春和编《胡适家书》,页 492—493)

当时,胡家四房虽已分家,但二哥对于胡适仍颇多关照。1909 年 7 月 29 日,胡适在《禀母亲》的家信中曾指出:"家中析产阄书,均已见过。"此外,他在《四十自述》中也提到此次的分家析产:

> 戊申、己酉(1908—1909)两年之中,我的家事败

坏到不可收拾的地步。己酉年，大哥和二哥回家，主张分析家产；我写信回家，说我现在已能自立了，不要家中的产业。其实家中本没有什么产业可分，分家时，兄弟们每人不过得着几亩田，半所屋而已。

当时，胡适正在中国新公学学习，虽然手头并不宽裕，但见过大世面的他显然再也看不上老家的那几亩地、半所屋了。这位乳名嗣穈、学名胡洪骍的徽州乡下少年，1906年进入上海澄衷学堂读书，接触到严复的《天演论》，取"物竞天择，适者生存"之意，改名胡适之。1910年7月赴北京参加"庚款"留美官费生考试，启用了"胡适"这一名字。此后，更是意气飞扬，别图进取——"文章革命何疑？且准备搴旗作健儿，要前空千古，下开百世，收他臭腐，还我神奇。为大中华，造新文学，此业吾曹欲让谁？诗材料，有簇新世界，供我驱驰！"这位"带着兰花草"走出徽州的少年"嗣穈"，此刻早已脱胎换骨，成了叱咤风云、舍我其谁的文坛祭酒……

不过，尽管胡适欲放弃这份祖业，但分家是徽州的传统，显然无法率性而为。兄弟分家阄书中"亨字阄"所列的田产，仍然一直挂在他的名下，想来是由母亲冯顺娣代为经管，故而1915年8月2日，冯氏在写给胡适的信中仍然这样说道："家中自分析以后，每年所收租谷，只得一人之粮，此外毫无一丝出息。"所谓分析，也就是指1909年的分家析产。1928年3月29日，胡适在致妻子江

冬秀的信中还写道:

> 家中的事,我想起一两件,请你替我办理:
> (1)我自己名下的田,请你托几个本家来谈谈,分作两份,一份归稼嫂收租,一份归秠嫂收租。田虽不多,于他们两家总有点小补。
> …………
> (4)几家老佃户,都同我家有感情,不必更换。

信中的"稼嫂"和"秠嫂",分别是胡适的大嫂和三嫂。可见,直到母亲去世,胡适才对自己名下的田产重新做了安排。是时,他的大哥和三哥皆已去世,胡适如此安排,颇有矜孤恤寡、照顾两位嫂子起居的意思。另外,根据徽州的惯例,佃农承租耕种,需与地主签订契约,其中规定双方的权利和义务,如有违约(比如欠租、短租等),地主可以另行雇用他人。历经十数年,胡家所雇的佃农皆是乡里乡亲,主佃关系似乎颇为融洽,地主与佃农之间并未出现剑拔弩张的情形……

七

胡适的兄弟分家阄书作于清末宣统年间,迄今已一百余年,该份简单的徽州文书能够保留至今,大概要归因于天壤间的种种机缘巧合。面对着数页泛黄的故纸,我无法想象——如果没有铁花先生的那几份遗嘱，如果没有母亲冯顺娣的坚持和悉心栽培，如果茶商之家的生计日用朝不保夕，如果不是二哥的支撑门户，以及对异母兄弟血浓于水的亲情扶持……胡适是否还会是中国现代史上耀睛夺目的那一位？想来，多少"少时了了"的"糜先生"们，也曾靠着一纸阄书上的几亩薄田，辟土殖谷易耨深耕，在水遥山隔的皖南乡间日出而作日落而息，最终成了胼首胝足的一介老农；或是终老于"无徽不成镇"的居廛列肆之间，通财鬻货贸贩取赢，锱铢必较着银钱的出入……

历史不能假设，更没有无从确知的答案。

（原载《文汇学人》2015年8月7日）

徽州八卦与《五杂组》之"明刻别本"

一

"试问新安道,凄凉意若何。大都常业少,只是素封多。商舶年年出,倡楼夜夜歌。人情吁可怪,客子慎风波。"——这是晚明著名旅行家谢肇淛所写的《新安杂诗十首》之一,诗歌第三句开始说的是:徽州多商贾富裕之家,声色之娱习以为常。当地民众精于商贾权算,许多人年年沿着水路外出务工经商,人们之间常常相互提醒,应时刻注意江湖风险商海沉浮……这些描摹,对明史稍有了解的人大概都不会感到意外。只是第一、二句颇显突兀,商旅往来、财富汇聚不息的"新安道",何以在谢氏笔下竟以"凄凉"二字道出?

是青壮年大批外出,本土因人烟稀少而显得有点落寞?还是野店风霜客路辛劳,秋天的景致让谢肇淛倍感沿途之萧瑟?抑或是其他什么缘故?或许,不假外求,《新安杂诗十首》中的其他几首诗中,就隐含着解读的线索……

万历二十六年（1598）九月，谢肇淛从淮南盐运中枢——仪真（今江苏仪征）水陆兼程前往徽州，时值重阳节。当年十月，他在徽州士商潘之恒等人的陪同下，畅游了黄山、白岳（齐云山）。其时，青山对面，明月当头，谢肇淛不禁诗情满怀，流连觞咏。他先后撰有《游黄山记》《游白岳记》以及一些游山诗，并作有《新安杂诗十首》，这些诗歌后来收入其撰著的《小草斋集》。

《新安杂诗十首》，就是根据万历二十六年九、十月间徽州之行的所见所闻，生动地刻画了皖南的社会风情，就其写实程度而言，实可看作一组风俗诗。

二

晚明的徽州相当富庶，虽然是地处万山之中，但谢肇淛所到之处，应主要是在歙县西乡的平畴沃野之间，特别是集中在潘之恒居住的岩镇（今黄山市徽州区岩寺，明代属歙县西乡）一带。关于岩镇，谢肇淛这样写道：

> 岩镇繁华地，深藏数万家。
> 雪晴初见塔，雨涨忽沉沙。
> 近市多駔侩，临溪半狭邪。
> 渔人喧夜渡，招客趁枯槎。

在明代，岩镇是通往汤口进黄山的必经之地，亦系自

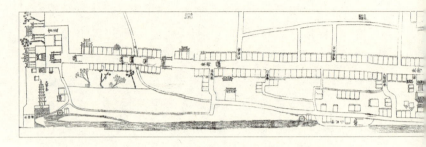

（明）程弘宾编纂《歙西岩镇百忍程氏本宗信谱》中的万历年间岩镇图

徽州府城赴休宁县城的交通要冲，当时人称"万家之市"，聚居的人口极为可观。镇上的居民大多在外经商，谢肇淛此行的起点仪真，当地便活跃着来自岩镇的徽州豪商。关于这一点，居住在岩镇附近的汪道昆，在其撰著的《太函集》中即有专文记述。从中可见，在徽州接待谢氏的潘之恒，其家族就是仪真一带的鹾商祭酒。

岩镇位于丰乐河畔，而丰乐河则是新安江的上游，根据徽州的风水传统，凡是村镇所在皆有水口，以藏风聚气，关锁财富。岩镇水口号称凤山灵境，"雪晴初见塔"中的"塔"，即迄今尚存的凤山塔，当地人初建此塔时，是希望以塔为笔（俗称文峰塔），其寓意当然是祈愿岩镇之文运昌盛。

当时的岩镇，不仅商人聚居，而且也是徽州最为著名的红灯区。万历年间，秦淮名伎陈夜舒来歙，舞娇歌艳，技傲群芳，她与徽州士商潘之恒、黄玄龙、程尚之诸人大

凤山塔

会于凤山台,极一时之胜。对此,万历十四年(1586),四川人古之贤出任徽州知府,他曾发布《行六县禁革娼优》的告示,其中提及:

近访得岩镇地方,盖造整齐店屋,召住艳丽名娼,包留善歌女戏,思欲比赛南京旧院规矩,以为美谈,遂至诱引富家子弟,昼夜歌舞。风俗荡败,奸盗悉从此生。

上揭的告示,收入徽州珍稀文献《新安蠹状》稿本。当时,古之贤认为:徽州是"礼义纯朴之乡",不应"召聚异省趁食之人、妖淫粉黛之流",以免"浊乱风化、生事地方"。他下令歙县派遣巡捕官,将外来娼优悉行赶逐。不过,从十数年后谢肇淛皖南之行的观感来看,旧业新张,旗鼓重整,红粉追欢,依然故我。看来,运动式的"扫黄",水过无痕,一阵风之严打,当年根本就不曾有什么真正的成效!

在徽州,谢肇淛的观察颇为细致:

家富宁须织,田稀不解耕。
灌园多里妇,操筏半山丁。
春水平于岸,寒垣峻似城。
黄昏关竹户,一片觅鸡声。

前文提及,谢氏活动的范围主要是在歙县西乡,此处地属皖南歙休盆地的山间谷地,当地人以外出务工经商为主,所以很难见到男耕女织的情形。另外,因许多男人长年在外经商,家中剩下的皆是妇孺,冷清清的徽派老房子高大厚实,远远望去恰似城郭一般。此种聚落景观,颇像生于扬州的清代盐商程庭,当他初次踏上故土时,便被眼前的一幕所震撼——"遥望粉墙矗矗,鸳瓦鳞鳞,棹楔峥嵘,鸱吻耸拔,宛如城郭",商人之席丰履厚,在徽派聚落外观上被表达得淋漓尽致。

上揭诗歌的最后两句,状摹了暮色中乡村日常生活的场景。类似于此的诗句,在《新安杂诗十首》中还有不少。不过,其中的第七首还指出:

水市居民少,山城长吏尊。
春寒稀出郭,日午未开门。
谒者真如鬼,功曹巧似猿。
祢生怀片刺,磨灭向谁言?

新安江穿行于皖南的低山丘陵,河谷深切地层,群山蜿蜒起伏,一府六县依山傍水,留在当地的居民不多,天高皇帝远,官员便显得特别有权威。这首诗歌,状摹了谢肇淛对徽州官府衙门的观感。其中,最后两句用了《后汉书·文苑列传》的典故——东汉士人祢衡(此人即后世《京剧》中"击鼓骂曹"的主人公),锥处囊中,常思脱颖。他从江南荆州来到人文荟萃的京师许都,为求进用,预先写好了自荐书，打算找机会毛遂自荐。但因其人自视甚高，结果自荐书装在身上，字迹都磨损得看不清了，也没派上用场。在这里，谢肇淛以祢衡自况，说自己未曾在徽州官府那打过秋风。

晚明时期，著名戏剧家汤显祖曾有"欲识金银气，多从黄白游"的诗句，意思是说，要见识富得流油的地方，就要到黄山和白岳去旅行。其实，明的是纵情山水，实际上是想在当地打秋风，这在当时称为"黄白游"。而"黄白游"之举，除了由好事的徽州富商接待之外，不少人还希望到当地官府那里夤缘关节。

其时，由于"黄白游"者纷至沓来，地方官疲于应付，有时因招待偶有不逮，秋风客踏上归途后，便"恶称歙游之凉也"（亦即指斥当地人招待不周）。由于有太多的文人墨客前往徽州做"黄白游"，寓客去留，游士来往，明末的傅岩对此显然是不胜其烦，他遂公然声言谢客："徽有黄山、白岳之胜，向多游屐，恐浙接壤，停留指冒，遍示歙家寺观，及刊刻启言，或有过客造谒者，即令持启阻回，起行概不接见，请谒以杜。"这位歙县知县的具体做法是——刊刻启事，阻止各地的文人士大夫借"黄白游"之名前来徽州干谒。这虽然说的是明末的情形，但在此之前，谢肇淛显然就碰到地方官府的冷面孔。从上揭诗歌来看，谢氏踏上徽州土地之前，可能也希望当地官府能盛情款待一下，可一经接触，却发现对方并不热络，见此情状，谢氏亦不愿屈尊俯就，遂难免心存怨怼。故此，

《新安杂诗十首》开篇所云:"试问新安道,凄凉意若何",其间的一层意思或在于此。

另外,《新安杂诗十首》第三首的前四句还写道:

> 白马紫貂裘,朱门尽五侯。
> 贫因长聚讼,富为避交游。

此处说的是徽州当地有很多富商大贾、官宦人家,当地健讼之风炽盛,不少人因擅兴官司而荡析门户。此外,在外来士大夫竞逐"黄白游"的热潮中,一些富商(如潘之恒等人)却颇为热衷,他们借此扩大交游,提高个人的声望。不过,也有更多的富人则害怕这种交游——因为与文人周旋,毕竟需要大笔的金钱花销,所以谢氏才会有"富为避交游"之慨叹。关于这一点,《新安杂诗》第五首又写道:

> 比屋不知农,山村事事慵。
> 居民多习贾,市女半为佣。
> 日落催寒杵,溪流急夜舂。
> 相逢无好事,端不似临邛。

临邛,古县名,治今四川邛崃。因秦时蜀卓氏、程郑被迁至此,以铁冶致富,后世遂以"临邛"代指富商。在徽州,谢肇淛碰到的一些人并不"好事",为人处世也完全不像他所想象的那类富商——这可能也是让谢氏倍感新安道"凄凉"如许的另一原因。

上揭诗歌状摹了皖南山乡的日常生活图景：黄昏时候，妇女在溪边洗衣，水碓即使是夜晚在溪流的冲击下也未曾停歇。显然，谢氏非常关注活跃其间的妇女，他除了看到"灌园多里妇"之外，还注意到徽歙的风气是"居民多习贾，市女半为佣"，看来，岩镇街衢巷陌间抛头露面的女人，大多是些腿脚奔忙的佣妇。倒是在周围的一些村落，有不少养尊处优的女子：

村落多佳丽，经年不事蚕。
窥人映楼曲，结伴过溪南。
树碍高椎髻，波摇小玉簪。
自夸夫婿好，强半是裴谈。

诗中的"溪南"，既可是泛称，但也可能是实指。因为岩镇附近有个村落叫溪南（亦作丰南或西溪南），是扬州鹾商巨贾的桑梓故里所在，从此处走出的商人挟赀数百万两，居于明代豪富排行榜上的最高一栏。诗歌提及，那里的粉黛佳人不事蚕桑女红，整日价髻云高拥鬓凤低垂，极其时髦。之所以如此，是因为她们都嫁对了老公——"自夸夫婿好，强半是裴谈"，这是说自己的夫君不仅有钱，而且还怕老婆，所以当地的女子无论是物质享受还是精神状态都相当惬意。诗中提及的"裴谈"，是唐朝中宗时代的官员，为人酷爱佛法，其妻悍妒，裴氏"畏之如严君"。换言之，裴谈以惧内著称，他虽然官至刑部尚书同中书门下三品，但在悍妻面前，胆怯得就像奉侍严父一般。当朝有一首《回波词》这样写道："回波尔时栲栳，怕妇也是大好，外边只有裴谈，内里无过李老。"裴谈之为官恰逢韦后专政时期，其时，皇宫之内惧内最甚者非中宗李显莫属，而在皇宫之外则首推裴谈。此种情形，很让人想起后世《笑林广记》的编排："一官被妻踏破纱帽，怒奏曰：'臣启陛下，臣妻罗唣，昨日相争，踏破臣的纱帽。'上传旨云：'卿须忍耐，皇后有些急赖，与朕一言不合，平天冠打得粉碎，你的纱帽只算个卵袋！'"君

西溪南

臣一内一外,相映成趣。谢肇淛借用唐代的典故,来比喻徽州男子以惧内闻名遐迩。

三

谢肇淛是著名的旅行家,足迹遍及海内,他游览名山大川,有相当独到的体会。在《五杂组》中,他与读者分享了自己的旅行心得:"游山不借仕宦,则厨传舆儓之费无所出,而仕宦游山又极不便。"这段话的意思是说——游山玩水不借助官府的帮助,那么,饮食车马的费用就没有着落,但依靠官府旅行又相当不便,"侍从既多,少得自如,一也;供亿既繁,彼此不安,二也;呵殿之声既煞风景,冠裳之体复难袒跣,三也"。这是从官员的角度来看,因为侍从众多,游山时往往不太自由。另外,官府招待繁多,大吃大喝,彼此都心有不安,大概是招待之人难免嫌烦,而被招待者则过意不去,觉欠了人情。游山之时前呼后拥,呵斥他人让道,让原本是雅事一桩的游山变得很煞风景。爬山爬热了,总想脱掉上衣凉快一下,但为了保持官员的体统,却又不好意思赤膊。而在另一方面,陪同之人更觉难过。例如,抬轿子及陪伴旅行之人,往往并不想走得很远。那些作陪的和尚、道士,总是希望此种应酬及早结束。碰到崎岖难走的道路,抬轿子的人就会骂骂咧咧。碰到很好看的风景,这些人就怕会成为先例,以后再来的其他人也要去游玩,招待起来不胜其烦,所以常常会将客人引到一般游客行经的线路。在这种情况下，"奇绝之景"往往难以看到。最后，谢肇淛总结说："游山者须借同调地主，或要丘壑高僧，策杖扶藜，唯意所适。……富厚好事之主，时借其力。"换言之，游山就必须找志同道合的黄冠缁素，大家提着拐杖随兴所至，踏尽落花。对于那些有钱又比较好事的主人，则要经常借助他们的力量。每逢一处风景，都要好好领略，并准备笔墨侍候，随时记下，以备遗忘。这是谢肇淛游山的心得，其中详细述及经常会碰到的各类情形，特别是旅行时招待方的情况：一类是仕宦（也就是官府），另一类则是富厚好事之主（亦即当地的有钱人）。而这两者，也正是许多"黄白游"者的赞助方。

谢肇淛的徽州之行，全程由潘之恒招待。关于潘之恒，《小草斋集》中有《原上答景升》：

丘壑空怜我，烟霞喜得君。
石楼曾望海，竹榻共眠云。
度岭穷幽径，摩崖识古文。
新诗与灵药，满袖碧氤氲。

诗题中的"景升"即潘之恒，此一诗歌说的是潘氏与他步相随影相傍语相通。对此，谢肇淛在《五杂组》中曾记录二人同游黄山的一段趣闻：其时，黄山刚刚开辟不久，深山间有一处皆是积沙，人很快走过去便没事，如果稍微迟疑一下，沙子就会崩塌。谢肇淛不敢走，而以"黄山东道主"自居的潘之恒遂自告奋勇，结果刚走上两三步，沙就崩塌了，吓得他大声呼救，幸赖带路的土人将他搀着往回走。而对面如死灰的潘之恒，谢肇淛调侃道：阁下差点做了秦始皇，驾崩于沙丘了……

根据方志记载，潘之恒为人"专精古人词，工诗歌，恣情山水，海内名流无不交欢"。他出身于歙县岩镇的富商家庭，祖先都在江南仪真一带从事盐业。所以谢肇淛此行，就是从仪真前往徽州。可以说，他这一路上都是受到潘家的招待。潘氏是个才华横溢的花花公子，曾入汪道昆的白榆社，又师事王世贞，后来与公安派的袁宏道亦过从甚密，在晚明颇有影响。谢肇淛此次到徽州，完全是由他接待——这可能是谢氏此行在徽州遇到的为数不多的几位"好事者"之一。

前文提及，在晚明，士大夫之中风行"黄白游"，明的说旅行，实际上是到皖南打秋风。在当时，徽州富商中亦颇有好事之徒，他们对这些过往的文人好吃好喝招待，并陪同他们游览境内的黄山、白岳，赠送现金、礼品等。有的徽商，还出资赞助文人学士刊刻书籍。例如，公安派的代表人物袁中道，其著作《珂雪斋前集》二十四卷，就于万历四十六年（1618）刊刻于徽州府学。从首列校者姓氏来看，捐资助刻的友人或门弟子，绝大多数都是徽州人。而更早的一例，则是万历四十四年（1616）刊刻的《五杂组》。

《五杂组》于万历四十三年（1615年）结集，故翌年出版者应是该书最早的刻本。此版每卷卷首有"陈留谢肇淛著，荥阳潘膺祉校"的字样，卷末则标注曰"新安如韦馆藏板"。据《五杂组》跋称：

去秋，余塌翅南都，归卧天都山下，山馆岑寂，昼闻猿啸，忽叩户声急，则云杜李右丞公以都水谢公此书见贻，且属绣梓。余跃起，藤影下读之，见其囊括包举，六合内、六合外，靡不存且论也。……遂付梓人行之，俾千古瑰观，彪炳宇宙，令天下后世思慕健羡而可得也……时丙辰仲夏，古歙潘膺祉方凯父书于如韦轩。

"如韦轩"为跋作者的书斋名，亦作"如韦馆"。这里的"云杜李右丞"是指著名官僚李维祯（1547—1626年），此人为湖广京山（湖北今县，古称云杜）人，隆庆戊辰进士，曾任南京礼部侍郎、尚书。他是汪道昆最好的朋友之一，而在谢肇淛的诸多挚友中，李维祯为其所敬重的前辈。正是透过李维祯的推荐，《五杂组》交到了徽州出版商潘膺祉的手上。

关于潘膺祉（方凯），《五杂组》是将其放在徽州墨商的传承中加以描述，该书提及，自10世纪李廷珪制墨开始，就在原料中掺入珍珠，后世踵事增华，在制墨中加入黄金、珍珠等，所以每两徽墨有时可以与一斤黄金等价。潘膺祉造有"开天容墨"，其中也用了黄金，极为奢侈。为此，"开天容墨"也成为明代最负盛名的徽墨。对此，袁中道作有《潘方凯墨谱序》，其中述及膺祉"诗文俱清新，此自胸中有丘壑者"。当时，另一位著名文人顾起元也作有《潘方凯墨序》，个中提到：潘膺祉为宋元祐年间著名墨师潘谷的后代，制墨是其祖传。除此之外，潘膺祉还刊刻书籍，目前所知比较著名的，就有《示儿编》《潘氏墨谱》以及这部《五杂组》。

从上揭潘膺祉的跋文来看，《五杂组》刊刻于万历四十四年。这一年，在明史乃至明清易代史上皆为极为关键的一年。是年，建州女真努尔哈赤于赫图阿拉建国称汗，国号大金（史称"后金"）。事实上，在此之前，谢肇淛在论及辽东形势时，就极其敏感地预见到建州女真才是明朝的心腹大患。谢氏在《五杂组》中写下此一预见时，距离1644年的"甲申之变"尚有二十多年，当时能有这样的见解，非常了不起。不过，也正是因为这一扶倾救危的洞见，入清以后，《五杂组》就被军机处奏请销毁，以至于有清一代都看不到《五杂组》的任何刊本。

好在墙内开花墙外香，除了万历四十四年如韦馆本之外，在明代还出现过另外一个刻本（今人称之为"明刻别本"）。此本应刊刻于崇祯十七年（1644）之前，后辗转流传至东瀛，于日本宽文元年（1661，当清顺治十八年）覆刻。在江户时代，《五杂组》在日本极受推崇，为诸多方志、随笔、文集所征引。此"明刻别本"后来也一再翻刻，目前所知，至少还有宽政七年（1795）、文政五年（1822）的刻本。对照如韦馆本，"明刻别本"的文字

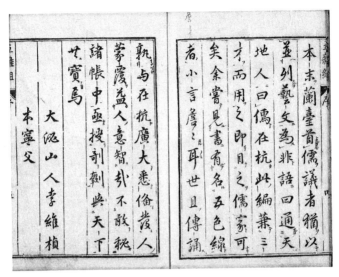

《五杂组》，日本宽政七年（1795）刊本，早稻田大学图书馆收藏

大同小异，最显著的不同是全书增加了十六条内容。而在这十六条中，有十五条都在卷十六的末尾（亦即位于《五杂组》全书的最后部分），可能为后来所补充。而且，这十五条基本上皆是根据前代笔记或前人编述的笑话加以改编，并无特别的史料价值。只有一条位于《五杂组》卷八的《人部四》，似乎特别突出，这一点显然也与谢肇淛的徽州之行密切相关。

四

在《人部四》中，谢肇淛津津乐道于历代的"妒妇"，

其中谈及当代时这样写道:

> 美姝世不一遇,而妒妇比屋可封,此亦君子少、小人多之数也。然江南则新安为甚,闽则浦城为甚,盖户而习之矣。

在此处,这位福州才子从地域比较的视角来分析徽州的妒妇。他指出:当时漂亮女子不是很容易碰到,但喜欢吃醋、剽悍的女汉子却随处皆是,这主要是男人不争气的缘故。此种情形,从地域上看,江南一带以徽州最为严重,而福建则以闽北的浦城为其代表,几乎每家每户都是如此。

谢肇淛世居乌石山下,他从闽江北上出省,浦城为其必经之地,故对闽北的风俗应有所了解。至于新安(徽州),则是根据其人的所见所闻加以概括、提升。而这,让人联想到在皖南广为传抄的《惧内供状》所述:

> 伏为阴盛阳衰,巾帼之雄可畏;女强男弱,须眉之妇堪怜。秉坤而乃以乘乾,夫纲已坠;治内更兼乎治外,妻道何隆?风斯下矣!且世间多燕赵佳人,教且同焉,实宇内少昂藏之男子,慨往古而已然,叹今人之更甚!
> 某本儒生,家传阀阅,自信美如城北,岂期配在河东?号阃内之大将军,自他有耀;怕老婆之都元帅,舍我其谁?……一言触恼,分明太岁当头;片语加嗔,

俨似小魑破胆。……被骂总莫妙妆呆,动怒又何妨赔笑?……可骇者平时声若洪钟,到妻前不闻其响;可怜者纵尔勃然盛怒,入房中而忽改其容……更可悼者,立法尤严,设刑备至。大门闩使丈夫之惊魂堕地,小棒槌乃娘子之朴作教刑。马桶盖制就圆枷,俨似将军之帽;裹脚布权为长链,竟同绵瑗之尸。……欲讨饶既虑钻隙相窥,将高喊又恐隔墙有耳。无奈哑气低声,学吞泪(炭?)之豫滚(让?);攒眉咬齿,等刺股之苏秦……

《惧内供状》出自笔者在徽州民间收集到的一册文书抄本。从中可见,这位自称"怕老婆之都元帅"的一介书生,泣血稽颡,凄苦万状。文中字句惶惑骇怖,愁苦嗟叹。其人平日虽然声洪气壮,但在悍妻面前却似泥塑木偶不敢则声。不过,他最后还是郑重其事地声明:"不敢书名,人各有妻,观此莫笑,供状是实。"言外之意,几乎视全天下男子皆为惧内之同好,生得荒唐,活着窝囊,大家彼此彼此,不必五十步而笑百步。类似于此的游戏文章,在徽州文书中尚不止这一篇。例如,徽州人还戏仿《滕王阁序》为文以赠惧内者,文中洋洋洒洒,同样也是感叹"雌强雄弱,威光射斗牛之墟;阴盛阳衰,夫主下床前之榻"。凡此种种,都说明徽州妒妇"比屋可封"的确源远流长,惧内传统在当地似乎已积淀而为一种民俗。对于此类的夫道不张,谢肇淛慨叹道:

世有勇足以驭三军而威不行于房闼,智足以周六合而术不运于红粉,俯首低眉,甘为之下,或含愤茹叹,莫可谁何,此非人生之一大不幸哉?

这段话的中心意思是说——有的男人在外面要风得风要雨得雨,但在家里却很是搞不定,这恐怕也是人生的一大不幸啊!

历观陈迹,遍窥时事,谢肇淛认为:"宋时妒妇差少,由其道学家法谨严所致,至国朝则不胜书矣。"看来,对意识形态的重视时刻都放松不得,因为这首先关乎男人实实在在的幸福生活!接着,他又直呼王阳明、戚继光、汪道昆三人之名,说他们都是著名的惧内人士。其中,一个是"内谈性命,外树勋猷"的知名官僚,一个是"南平北讨,威震夷夏"的著名将领,另一个则是"锦心绣口,旗鼓中原"的文坛领袖,这三者在16世纪算是最令世人艳羡的"成功人士",不过,他们虽然在外面风光无限,外海内江莫大事功,但在家里却没有什么地位,竟被妻子修理得服服帖帖。

本来,写到这里大概也就可以打住了。不过,谢肇淛博古通今,又是一位喜欢翻唇弄舌的大嘴巴。他到过徽州,与潘之恒等人过从甚密。而潘之恒是位富家的公子哥,有人评价他的一生是"宴游、征逐、征歌、选伎",毕生的著述便是"品胜、品艳、品艺、品剧"。这位膏粱子弟所著的《亘史》,将徽州当地的里巷琐闻飞短流长编入小说（后来这也成为明清世情小说的素材而广为传播）。谢氏与他朝夕相处，在徽州逗留了一两个月，对于"佳人有意村郎俏，才子无能美女狠"之类的传闻似乎也特别感兴趣。这位具有敏锐观察力的有心人，在当地一定打听到不少猛料，所以一时刹不住，接着又写道：

> 汪伯玉先生夫人，继娶也，蒋姓，性好洁，每先生入寝室，必亲视其沐浴，令老妪以汤从首浇之，毕事即出。翌日，客至门，先生则以晞发辞，人咸知夜有内召矣。侍先生左右者，男皆四十以上，妪皆六十以上，其他不得见也。先生所以严事之，亦至矣。然少不当意，辄责令蒲伏，盛夏则置蚊蚋丛中，隆寒则露处以为常。先生每一闻夫人传教，汗未尝不洒渐也。先生有长子，稍不慧，婿于吴数载矣，一旦被酒，戏言欲娶妾。妇怒甚，伺其寐也，手刃其势，逾月而死。先生令切责妇，幽之暗室，又数月乃自雉……

汪道昆初字玉卿，二十三岁时改字伯玉。他先后娶过三妻一妾。第一次是在嘉靖二十一年（1542），娶妇吴氏，是时，汪道昆十八岁。次年，吴氏卒。嘉靖二十三年（1544）二十岁时，续娶吴氏夫人，九年后夫人去世。其间，还在杭州买过一个小妾。嘉靖三十四年（1555），命硬克妻的汪道昆三十一岁，三娶蒋氏。蒋氏其时芳龄几何史无明载，不过，以汪道昆那样的身份，显然不会娶一个老姑娘为妻。从其续弦的第二任夫人芳龄二八来看，汪道昆与蒋氏的年龄相差可能当在十五岁上下。

"少妇之见畏，惑床笫也。"——在谢肇淛看来，老夫少妻朝欢暮乐最容易转爱成畏。根据上述的说法——蒋氏夫人有洁癖，每次汪道昆前来高卧柔乡之前，她都必须亲自看其洗净身子，让侍候的老太婆用热水从头浇到脚；兴云布雨之后，马上就得离去。翌日，如果有朋友上门，汪道昆就以自己刚洗了头发，需要晒干为由推辞（被发而干，即《离骚》所指的"晞发"），这样，大家就心知肚明——老顽童昨夜又赴少妻处称臣纳贡拨雨撩云去也！平日里，蒋氏夫人对其管束极严，侍候的用人，男子要超过四十岁，女的则要六十朝上。由于明代男风盛行，故而做女人必须严防死守——"女小三"自然无法容忍，但与此同时还必须防范"男同志"乘虚而入。谢肇淛描述说，汪道昆对太太非常小心谨慎，稍有拂逆，蒋夫人就让他跪在那里，而且想尽办法惩罚他——盛夏季节将其置身于蚊子很多的地方，寒冬时节则让他裸身站在外头，此种惩罚习以为常。所以他每次听到夫人有什么吩咐，马上就会直冒冷汗，相当紧张。另外，谢肇淛还说，汪道昆的长子不太聪明，在苏州做人家的女婿，有一天喝了酒得意忘形，开玩笑说想讨个小老婆。他的妻子听罢勃然大怒，这还了得！于是，趁他睡下后，一狠心挥刀将其烦恼根一刹了之。长子伤重不治，稍后便一命归阴。汪道昆闻听此事，自然痛咽难言，他严词训斥媳妇，并将之关入暗室，过了数月，后者也自杀了。万历二十六年，谢肇淛前往徽州时，汪道昆已去世五六年了，但蒋夫人仍然健在……

上揭的闲言絮陈仅见于"明刻别本"，它说的是汪道昆一家两代的故事，其中不仅提到汪氏父子二人皆有惧内的传统，而且还有闺阃隐秘乃至家门不幸的一些隐私。

揆诸实际，汪道昆在文学史上是个备受争议的人物，诸多史料对他的评价褒贬不一。大致说来，汪氏生前享誉日隆，死后则非议蜂起，反差巨大。不过，无论如何，在16世纪后半期，汪道昆与当时"后七子"之李攀龙、王世贞鼎足而三，成为其时的文坛领袖。因他官居兵部侍郎，以高官而得文名，声名显赫，故与同时的王世贞合称为"两司马"。另就私人关系而言，汪道昆与介绍《五杂组》出版的李维祯关系莫逆，而接待谢肇淛的潘之恒等人，亦皆为汪氏之同乡后辈和弟子。特别是在徽州，汪氏为当地的高门望族，汪道昆的门生故吏遍天下，族戚姻娅布徽州，社会关系可谓盘根错节。汪道昆先后家居二十余年，在徽州文坛有着举足轻重的影响。就在谢肇淛前往徽州的三四年前，汪道昆还被宗人奉主入越国公祠，配享忠烈，稍后又奉祀为乡贤。在当地人的心目中，汪道昆不仅为国家恃为栋梁，社会倚为砥柱，而且在私生活上，万历《歙志》的评价是"三配之外，绝无二色"，在男女关系上可谓一清二白。如此圣人般的人物，显然容不得任何负面的八卦传闻。

在此背景下，谢肇淛爆出的猛料，又焉能在徽人出版的著作中出现？虽然因史料不足征，我们无从确知谢肇淛交给李维祯的《五杂组》抄本之原貌如何，不过，"明刻别本"较徽州的如韦馆本多出十六条，其他的十五条都分布在书的最后，只有有关汪氏父子二人皆惧内的八卦新闻位于卷八，似乎并非偶然的巧合。或许，万历四十四年谢肇淛交稿欲在徽州出版时即有所忌讳，那条八卦只是在后来的版本中才加以补充。或许，原稿中的确有这么一条，但被其他人所删去。这当然只能是两种推测，不过我想：即使当初有这么一条，也会被李维祯、潘膺祉等人毫不犹豫地删去——这或许就是在徽州刊刻的如韦馆本少了此一八卦的缘故。以往一些学者在研究《五杂组》时，虽然从校勘学上指出了如韦馆本与"明刻别本"的区别，但却未能解释此种差异的原因所在。笔者以为，借由以上分析，或许可以找到部分答案。

看来，尽管《新安杂诗十首》开篇即云："人情吁可怪，客子慎风波"，不过，谢肇淛的此番徽州之行，还是不免在《五杂组》的鱼尾黑口之间，泛起了一圈涟漪……

（原载《读书》2014 年第 10 期）

豆棚瓜架语如丝

《聊斋志异》中有个短篇叫《蛰龙》，绘影绘声地描述一条小小的蛰龙，经过冬眠后苏醒过来，在阴雨晦暝的日子里，从一只竹书箱里爬出，被人恭恭敬敬地送到屋外。其时，但闻霹雳一声，此物骤变而为庞然巨龙，腾身飞向天空……

此一"蛰龙复苏"的故事，究竟有何寓意不得而知，不过，在蒲留仙笔下，故事情节中不断地出现"读书""（书）卷""书笥"之类的字眼，显然给后人以足够的想象空间。一二百年之后，徽州的一位读书人便据此加以演绎，写下了《困龙》一则：

> 黟西环阳潘顺者，字梅光，号祥春，又号了俗子，生自戊辰十月，故属龙。孤贫不偶，落落寡合，且不善务家人活业，是以家益落，饔飧不给，环堵萧然。……因之所谋皆逆，与俗多忤。而满腹才华，无从销露；一腔热血，没处飞洒。以故寄傲陶宏，尝安毛颖。……尝彻夜不寐，濡毫构思。一夕，正吟哦间，见砚端一物，其

状如丝,蠕蠕然游行,形遂成字。审之,一"龙"字也,因祝之曰:龙乎,吾闻诸夫子曰:龙蛟法大,能致风云,何君如斯,与子困顿。言未已,霹雳一声,冲霄而去。

"环阳"应在今安徽黟县碧阳镇柏山村附近。文中的这位"潘顺",也叫潘国顺,亦即写下上述文字的作者本人。这些文字对个人的生活状态有着颇为生动的描述,既标榜了其人的清高和潇洒,又透露出因自己治生无策而导致的困顿与颓废。嗜酒如命的他,某夕彻夜未眠。在磨墨时,发现砚端一物如有生命,"其状如丝",活动自如,仔细一看,那竟是一个"龙"字……此一荒诞的细节,当然不是因其彻夜不寐辛苦劳作之际的眼花缭乱,而显然是脱胎于蒲松龄之《蛰龙》而作的刻意杜撰。在这里,他强调自己的属相为龙,并想象着有朝一日飞龙在天,一朝看尽长安花……

一

收录《困龙》一则的《扫愁帚笔谈》系稿本,是我十多年前在徽州的某处冷摊购得。该书封面题作"初编",卷首有"贻笑集初草"和"倚南窗贻笑随笔"等名称,而内里正式的书名则作"扫愁帚笔谈"或"扫愁志笔谈"。之所以会有如此之多的书名,似乎反映出作者急于发泄个人的情绪,特别是表达其人生活态度之不同层面,故借各异的书名，或排忧解愁，或故作潇洒。不过，以下为行文方便起见，统一以《扫愁帚笔谈》为该书之正式名称。

《扫愁帚笔谈》的作者潘国顺，又称潘梅仙，自号"倚南窗主人""了俗山人""黟山布衣了俗氏"等。"倚南窗"为其斗室之名，亦作"读来世书屋"。该书封二即画有一图，上题"读来世书屋"，窗右并挂有一副对联"有时完读书，无事似静坐"。这副对联并不雅驯，不过，潘氏想要表达的意思却大致清晰——其人酷爱读书，并注意时时反躬自省。另外，在该幅画面上，屋内窗前桌边坐一公人模样者，旁有书籍。屋后有一杨柳树，而屋之右则见竹篱及点缀其间的数丛杂树。因潘国顺的身份是位黟县胥吏，又喜欢舞文弄墨，附庸风雅，故该图应当就是潘国顺的自画像。从其自号"了俗氏""了俗山人"来看，其人颇有尘寰中超凡脱俗之想。"倚南窗"的典故来自陶渊明之《归去来辞》，这可能是因为黟县俗有"桃花源里人家"之说，"倚南窗以寄傲，审容膝之易安"，斜倚着南窗，寄托个人的傲世情怀，陋室虽然狭窄，却容易放松心情，这应当便是潘国顺意欲刻意展示的生活状态。

作者出生于太平天国战乱之后，当时，"四海平靖，五谷丰稔，国顺家兴"，故取名为"潘国顺"。书中的《自述俚言随笔》，概述了其人的生平经历——潘国顺五岁时父亲就已去世。十四岁跟从族父前往饶州一带经商。据他自述，在饶州的十年间，从商之余，自己每晚读书都要读到三更。由于志不在此，所以在米业中从商颇感吃力。后来，

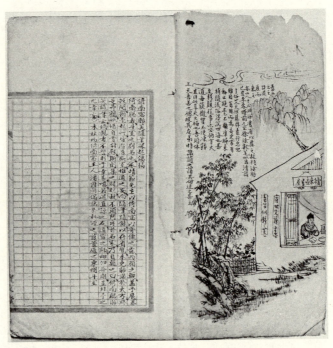

稿本《扫愁寻笔谈》书影

潘国顺一度与朋友合伙经商,但他认为自己所遇非人,故以折本告终。半年之后只得返乡,在黟县九都的山中做塾师。黟县九都即今屏山一带,地处丘陵地区,根据潘国顺的观感,当地人相当固执,难以教化,故而他在一年多以后便辞去塾师的行当,经新安江前往浙江的杭州、湖州、海盐一带,先后到过当地的木行、盐栈求职,结果都没有成功。当时,黟县的商人遍布于长江三角洲各地,外出求职的徽商,往往循着乡族的网络前往投亲觅友,潘国顺自然也不例外。不过，他找遍了熟识的亲朋好友，结果却没有一个地方可以容纳自己，这让他感慨良深，也颇为惭愧。潘国顺说，在求职过程中，自己相当努力。每到一个地方，只要有人想要他的书画，或者请他代写禀帖、牒文的，他都是有求必应，即便是生病时也不敢怠慢。不过，尽管如此，他还是未能如愿。到了年终，哥哥来函催他回家伺候母亲。考虑到自己在外穷困潦倒，所以也只能回到黟县家中。此后，在家中赋闲了两年，整日幽居斗室，长吁短叹。后来，才在一位朋友的劝说下，到县衙门充当了刑科吏胥。

在清代，徽州人对于充当胥吏有着特殊的看法。譬如，歙人江绍莲就指出，书吏鱼肉乡民，虽然到处皆然，但在徽州却有所不同。"充是役者，大都钜姓旧家，借蔽风雨，计其上下之期，裹粮而往，惴惴焉以误公为惧。大憝巨猾，绝未之闻。间有作慝者，乡党共耳目之，奸诡不行焉。"他认为，这并非徽州人尽皆良善，而是因为聚族而居，在乡里公论的压力下，一般人断不敢为非作歹。故此，在此地充当胥吏总是让人如履薄冰。在这种背景下，潘国顺亦深感此一职役颇为尴尬，随波逐流吧，唯恐招致天谴，但倘若凭着良心办事，则又会被县里斥责为办事不力。据说，他很想辞去此一职役，但一想到母亲还得有人抚养，暂时无法脱身，故只能抱着"在家如出家，立志踞德隅"的态度，也就是力图超然物外，立身纯正。这当然是他的一面之词，其间是否有涂饰个人不堪经历之处，实难确知。

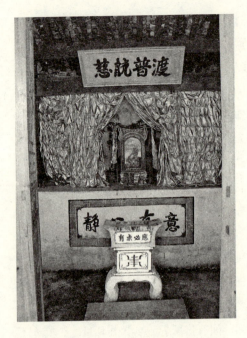

黟县的观音堂

除了上述的《自述俚言随笔》之外,《扫愁帚笔谈》中还有一篇潘国顺的自传,其中提到,潘国顺生于同治七年(1868)。在他出生的前一晚,母亲梦见自己前往一观音堂,抬头瞻望,看到观音大士坐在莲座上,其下有数十个衣红穿绿的婴孩,各执旗幡,嬉戏其间。既而梦醒,则腹中疼痛,随即生下了潘国顺。这当然是民间信仰中"观音送子"的老套路,潘氏借此证明自己之出身不凡。另外,根据他的自传:

  顺一兄一弟,皆壮伟,唯顺即疾病频仍,娇如处子，然性极聪慧，闻此识彼，且孝友弥笃，廉隅慎重，恒择地而蹈。爱读书，工翰苑，不善作生人活业。幼失怙，家贫，喜独居，好雅洁。年方而立，参透炎凉，遂寄情烟酒，托意篇章。每奉《阴骘文》，勤恳劝世，尝语人曰：人如白驹过隙，一旦殂谢，都埋荒丘。家虽贫窭，亦可尽其心之所能到，徐修德业，未为弗可。若富者拥赀巨万，不知为善，所衣所食，无非温饱，其与贫者何异？……常欲脱颖而作出岫之云。因母年老多病，兄与弟皆贪利远游，嫂等均愚忤，故潜居侍养，宁金尽床头，不敢须臾离也。

这个自传出自潘国顺之手，从中可见，此公是位相当自怜的人物，他称自己"娇如处子"，真是看得像花一样！另外，他对《阴骘文》有感而发，其中加了一段评论，说"真达人之言也！仁人之言！其利甚薄，此之谓欤！"这些，是以貌似公正的笔调评价自己，实际上则是其人的自我夸饰之语。在前引的《自述俚言随笔》中，他对自己的营商经历有过两句概述："合伙友面腴，半年分别去。"对此，潘国顺的解释是：自己与人合伙，但合伙人外表忠厚，实际上却品行不端，结果导致自己无辜而折本。对于这样的一面之词，作为读者的我们只能将信将疑。不过，倘若结合此处的自传，我们便不难看出，明明是他治生乏术，在外经商处处碰壁，但他却说一兄一弟都是"贪利远游"，家中的嫂子等都是愚蠢忤逆之人。而只有自己才是孝思可嘉，宁可金尽床头，也不愿离开年老多病的母亲一步，这真是相当有趣的自我辩解！文中所谓的"常欲脱颖而作出岫之云"，意在表明自己原本心存高远，唯因母老多病，故只能屈居乡间碌碌无为，这也是在为自己的竭蹶困窘寻求开脱。

在"剖白"条中，他还说过："吾兄之枭，吾弟之狂，吾身之惰，吾嫂之妒，吾室之呆，吾侄之懦，吾女之好，吾弟妇之巧且刁，吾侄女之悍且诡。"在这段话中，他对其周遭的所有亲戚都一一做了点评。从中可见，除了对自己的女儿视若掌珍，潘国顺与家庭中其他成员的关系皆极为恶劣。关于这一点，他在《扫愁帚笔谈》中的不少部分，都多次透露出相关的信息。例如，"私肥"条讲述了黟县碧山查叟兄弟友爱的事迹，说完这个故事，潘国顺笔锋一转，触类旁通地谈及自己的身世。个中，他对兄、嫂皆口诛笔伐，说祖、父辈去世时，兄长将家里的好东西都私自独吞。平日里完全不顾手足之情，对弟弟请托之事不闻不问。嫂嫂更是一位泼妇，悍妒无比。关于这些看法，他喋喋不休地列举出家庭内部鸡毛蒜皮的一些琐事，实际上却反映了身为男子汉的潘国顺，"贫贱家庭百事哀"，其人处处斤斤计较，心胸相当狭隘。从中可见，潘氏治生乏术，人际交往、家庭关系皆处理得一塌糊涂，却又无力改变现状。关于这一点，书中多次提及家庭纠纷与冲突，特别是妇姑勃谿，极为琐屑。其中，叔嫂之间的紧张关系尤为突出，实际上折射出作为商贾之乡的皖南社会之生活实

黟县的老房子

态——徽州是个重商的社会,男子十三四岁以后,绝大多数人都要外出务工经商。在这种背景下,那些留在故土、读书又屡试不第的成年男子,往往为他人所轻视。而在家庭中,兄弟、叔嫂之间的矛盾与冲突也就在所难免。也正是这一原因,潘国顺的家庭关系处理得极为糟糕。

二

《扫愁帚笔谈》成书于光绪三十四年(1908)前后。关于该书的写作,卷首的《〈扫愁帚笔谈丛录〉自叙》,以"答客问"的形式,阐述了作者撰写此书的缘由:

或有问于予曰：君无恒产，家徒壁立，无以糊其口，使习贾于四方，稍沾升斗，为衣食生活之计。而君志不然，改弦易辙，奋发苦攻，手不释卷，皆博古鉴今，入林唯恐不深，愤悋帖（帖括）谓（为）无用之物，绝意进取，终老蓬蒿。殊不念今之科名阶梯者，非帖恬（括）之外，竟无所进步，君又不之学者，何哉？

余应之曰：否也！宣圣之功，德配天地，声名垂宇宙，千百年来，宗其教而昭著于世者，非岂一人之下，万人之上，是可以厕身于儒林之列乎？

此一"答客问"，是模拟第三者的口吻设问，而由自己作答，以此来表述个人的情绪和思想。在这里，潘国顺说自己虽然并不致力于科举考试，却也崇奉孔子的儒教。他认为自己的所作所为，是相当崇高的经世之业，足以名垂千古。接着，虚拟的客人再次问及：

然则君之何为而著笔谈，而名"扫愁帚"者，意亦有说乎？

对此，潘国顺回答说自己为人性格孤僻，与社会人情格格不入，先后研习过医道，涉猎经史，旁及风鉴。"始致正业日微，饔飧不继"，生活相当困窘。但即便如此，他还是嗜书如命。尽管时常与妻子发生纠纷，家中的儿女也哭闹不休，但自己还是热衷于以文会友，寄情山水。虽然一度东游江浙一带，最后还是不得不到县署衙门充当吏胥，这一营生让人相当痛苦，只能嗜烟如命，借酒浇愁。碌碌无为之际，遂在空闲时间握管涂抹，将数十年来的奇闻异说逐一记录下来。

从抄本目前的状况来看，他对此书做过系统的整理。全书的卷首，有该书的目录。书前的《〈贻笑集初草〉自叙》曰："凄凄切切之文，寒寒酸酸之作，颠颠琐琐之志，牢牢骚骚之笔，原不在文章词坛所共论也。未撰之前，不禁自笑；既撰以后，未免贻笑。"而在《〈扫愁帚笔谈丛录〉自叙》中，他还借客人之语，对自己的这部著作做了评价：

或曰：噫嘻！君固雅士，自得风流，世逢才子，必加月旦，凡事尽报应之关节，立言登圣贤之门阃，虽云《扫愁帚笔谈》，不让《聊斋志异》，知君者其谅之……

这是以虚拟的第三者口吻来褒扬自己以及该书。显然，在潘国顺的自我感觉中，此书的价值，较之蒲松龄的《聊斋志异》亦不遑多让。对此，《〈扫愁帚笔谈丛录〉自叙》接着说："余闻惭汗，浃背不堪，或之恶谑也，嗣以后而弗索序于士大夫已，故自略述其颠末，而志其梗概云。"话虽然是这么说，但他借虚拟之客人口吻，还是说出了该书在自己心目中的定位。这位自命不凡的作者，显然视此为其个人之经世伟业。

三

从潘国顺的生平事迹来看，其人酷嗜读书，经过商，教过书，还在衙门里充当胥吏，也算是见多识广。正是因为如此，《扫愁帚笔谈》涉及的内容颇为丰富。

徽州是著名的商贾之乡，但一府六县的情况并不完全相同。与歙县、休宁自明代中叶起徽商就已相当活跃的情形不同，迄至清代前期，黟县的经商风气才日益浓厚。在这种背景下，《扫愁帚笔谈》一书讲述了不少人群流动与水路交通的故事。如《撑篙某》，提及一位南海僧人，因缺乏旅行经验而致财产损失，最后羞愤自尽。而《迁善》一则，则说某人少壮时曾在水路上谋财害命，后经僧人点破，改恶迁善，最后得以善终。上述两则虽然说的都是因果报应的故事，但从中亦可折射出其时水路旅行之不测风险。

当时，徽州地处万山之中，人们外出，除了沿着山间鸟道艰难跋涉之外，主要利用的就是新安江和阊江两条水路。明清以来，水路上设有诸多的关卡，令过往客商苦不堪言。"某卡员"条就记录了厘卡胥吏与徽商的故事：

……一卡员某，鄙贪无似，士商苦之，苛虐于泛宅者，即无所不要。有一客，泊舟报纳，如例抽厘外，另赠员以黑须药。值员正谋此，欲购诸洋，得此，作鸱鹈笑，并挽客饮，意下交之。客辞去，解缆北渡。员如法掺须，天明共视，即凝结成块，濯之亦不散，如庙中所塑木偶，

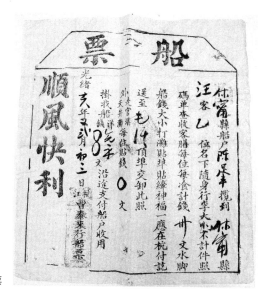

晚清徽商的船票

就颐颃以刻雕之状。员大怒,拘客,客舟已不知所之矣。

"鸬鹚笑"是比喻自鸣得意的一种奸笑,此一形容反映了徽商对厘卡员弁的切齿痛恨。新安江亦称徽河,徽商曾有《徽河苦》诗曰:"税关厘卡真难当,倚官仗势开笼箱,两块花边买扦手,有钱容易通商量。不买扦手真痴呆,误了东风借不来,别人趁风往前去,我被扣留船难开。船难开,事犹小,赶不上帮真不了,孤舟野岸夜须停,防贼不眠盼天晓。"个中提及厘卡的种种潜规则。1908年1月25日的《申报》上,曾刊登过"徽商来函",其中述及新安江上有"零货捐"的名目,这是针对商人回乡携带的日用物品之征税。后因徽州同乡群起反对，而改名为杂货捐，但厘卡"留难阻滞"则一仍旧贯。当月初旬，两名徽州信客因被浙江严东关厘卡多方留滞，驶至马目埠，天色已晚，遭盗匪多人登舟抢劫，结果失去洋信千余封，银洋多至六千元左右。因类似的状况反复发生，不少徽州人显然吃够了这样的苦头，故而才会有上文提及的贾客以黑须药报复卡员的做法。

徽州人外出务工经商，与妻儿长久分居，时常演绎出奇特的悲欢离合。如《霹雳打（三则）》，说的是黟县的十都（今宏村一带）某商人妇，因所藏金镯为他人偷换，而遭丈夫猜忌，并愤然自尽。故事颇具戏剧性色彩，偷换金镯者结果被雷电所击身亡，从而让事实真相水落石出，这当然是因果报应的一个例子。关于商人妇的故事，书中还有《妇无情》一则，说的是徽州典当商人的故事——在清代，休宁人以典当经营闻名遐迩，而故事的主人公也是一名"头柜朝奉"。娶亲之初，因妻子舍不得他远离，再三挽留在家，最终导致失业。此后，经济日渐拮据，夫妻反目，朝奉穷困潦倒，一度想投河轻生。后来在外出途中遇一富家子，遂发奋努力，终至重整旗鼓。相形之下，株守家中的妻子却每况愈下，她通过各种途径多方联系，欲求与朝奉破镜重圆却终遭峻绝……这其实是汉代朱买臣马前泼水休妻的清代版，反映的是商业气氛浓厚的徽州社会之一幕悲剧。

自明代以来，随着徽商的崛起，徽州社会发生了重要的变化，"金令司天，钱神卓地"，金钱的力量，使得嫌贫爱富成了社会的风尚。潘国顺在《浇俗》一则中抱怨说："风俗不古，人情浇漓，天下皆是，惟黟尤甚，特山川之气象然也。"潘氏有个远房亲戚汪某，曾是黟县的乞丐，每年正月间都装扮魁星，为乡里贺喜，人称"魁星汉"。当时，这位乞丐平日睡在人家的门檐之下，弯曲着身子像是一只虾，路人见状都讥讽道："穷骨头，睡相都不同，踡（蜷）曲如狗。"后来，此人跟随徽商外出从事盐业暴发横财，不仅甲第云连，婢仆成群，而且子孙科第，渐成簪缨望族。于是，旁人再看他的睡相，都说那是大富大贵的样子——虽然"踡（蜷）曲如初"，但现在怎么看都像是金元宝……这种对乞丐发迹变泰前后观感的巨大反差，显然与清代徽州商业兴盛所形成的社会氛围密切相关。

四

潘国顺除了一度外出经商外，绝大部分时间是在黟县当地生活。因此，《扫愁帚笔谈》一书中的主要内容，还是反映了黟县乡间社会生活的诸多侧面。

与清代的诸多笔记、随笔相似，该书讲述了不少花妖狐魅、神灵鬼怪的故事。如"鬼怜孝"条，说黟县北乡一位在休宁贸易的徽商，听说母亲忽然生病，便日夜兼程赶路回家。途中经过官山义冢，正是夜深人静之时，与他同行的竟是一位上吊而死的女鬼，她见此人是位孝子，不仅没有加害于他，而且还一路护送他返归故里。另一则《阴阳眼》,则说黟县有人独具阴阳眼,能白昼看见鬼物。根据此人的说法,鬼物也是欺软怕硬:士庶志得意满时,则鬼亦退避三舍;一旦运衰失志,则鬼物必加欺凌。某日,他经过一处牌坊,"见上有狰狞鬼,手执白杖。有一新婚妇,意于归未满月,亦将过之。鬼跃下,当头击之,妇顶红光,焕然四射,鬼惶骇而奔"。此人怀疑该妇必是贵人,但经查访,却发现其夫家"固贫窭贾人,碌碌无奇节",颇感奇怪。过了不久,才听说丈夫死去,该妇守节不嫁,并不因贫困而有所改变,遂恍然大悟。听罢这个故事,潘国顺总结说:"予谓节烈贞女,朝廷闻之,则旌表其门闾;皇天嘉之,亦昌佑其子孙;何方鬼物,能不悚然而逃哉?"可见,这些谈狐说鬼虽然看似不经,却折射出民间社会的伦理道德走向。透过此一情节,作者意欲对世俗民风有所劝诫,反映了徽州民间对于妇女节烈的着意褒扬。

《扫愁帚笔谈》中讲述的诸多故事,除了刻镂民情、曲尽世态之外,其主旨还在于扬善隐恶。"屠警"条说,光绪十六年(1890)十月,当地有位屠夫秉烛杀猪,去毛之后,蜡烛忽然熄灭,等他再找来火烛时,却发现地上躺的是一具裸体女子,杀猪刀正插在她的脖子之上。屠夫遂大惊失色,急忙偷偷买了一副棺材将她埋了。等到第二天,他又像前天一样杀猪,剖开肚子后,却找到一个人的手掌,五个手指清清楚楚,他不敢告诉外人……不过,发生在屠宰场的怪事已被伙计外传,整个市场都传得沸沸扬扬。周围的邻居评论说,这一家屠肆已开了四代,生意蒸蒸日上,屠宰的牲口不计其数,此时的兴旺程度,更要超过往昔,所以冥冥之中现出诸多异兆,警示此人须有所收敛。

从明代开始,徽州的佛教日益昌盛,善男信女对于民间杀生颇多忌讳。在一些地方,屠夫死后手上要戴上红手套,据说是因为其人的双手沾染过太多的鲜血,去世后过阎王殿时会被斩掉双手。为此,人们想到了讨巧的办法,戴上红手套,假装他们的双手已被斩断,从而得以全尸入殓。

在徽州,因果报应之说极为盛行。清乾隆时人施源有《黟山竹枝词》:"广安兰若北城隅,佛诞斋筵妇女趋。罩耜懿筐排满路,分明农具绘豳图。"这是说黟县城北有广安寺,每当佛诞斋筵,当地的妇女纷至沓来,特别是那些下层的农妇更是极为踊跃。诗歌状摹了因她们的到来,寺庙门前路面上摆满了长耜深筐。显然,对于佛教的信仰,在黟县有着相当广泛的群众基础。于是,不法之徒就利用民众的盲目崇拜心理,上下其手,作奸犯科,以达到自己的邪恶目的。《阎王婆》一则指出:

> 邑北有秀里梵宫,司香火者皆用僧侣。初因住持无赖,地方驱逐,即收自黄山来者,意是高僧,以居之。年余,秽乱始肆,殊无顾忌。

秀里位于黟县县城以北,现在是著名的影视基地。该则随笔讲述了寺庙僧侣淫人妻女之事:当地有某人小妾,系外乡人,曾与和尚私通,她放出风声说:"阎王婆能夜至冥间,偕同阎王判断死者。又能引死者之家人前来,以相慰藉。"此种消息迅速传播,远近皆知。于是,"通邑之妻痛其夫者、母悲其子者、姐悼其妹者,咸来烦引"。届时,由小妾出来预审,凡是长得丑的、干粗活的,其手必粗,该小妾见状就对她们说:"汝性乱,魂魄不清,不能去。"谢绝此类人,让她们回家去。但碰上稍有姿色的,就留在寺内睡觉,"谓同睡酣时,即携而往矣"。半年之内,很多女人都纷至沓来。邑西有某女子,未婚夫去世,她为之守贞。听闻此说,也想前去看望阴间的未婚夫。到了寺庙,小妾见其颇有姿色,年纪又轻,于是留之到了晚上,嘱咐她要裸身而卧,即使是裹脚布也都得脱去,说是在阴间走路,身上不能留有半缕阳世的物品。守贞女子睡下后,上面盖了层黟县特有的纸被。及至凌晨她起身小遗,但见"灯犹闪烁,了了可辨。少顷,见一巨甓内出二人,秃首赤身,登床偪合,氏迫从之"。天亮以后,庙中不让其回家,她只得借口说家中还有二百两银子,欲全部携来,与和尚白头偕老。和尚信以为真,就放她回家去了。女子回家后,"冤愤充塞,投环而死"。后来,经当地绅士举报,府、县下令逮捕僧人,"桎梏囚禁,备极刑苦",受到了严惩。对此,潘国顺说,这是"庚寅年四月间事也",他曾目睹。"庚寅"也就是光绪十六年,而此一故事中的情节,与《儒林外史》讲述的沈琼枝"吃仙丹"之故事颇相类似。

关于佛门的诈伪,"乾禾(干和)尚"条的记载更是触目惊心。潘国顺曾侨寓饶州(今江西省鄱阳县),他听说鄱阳莲湖山"有一坐化僧,乡人装以金,冠以盒,且服以衣,祷之者香烟不绝"。多年之后,他从新安江返归故里,经过歙县小南海,曾见当地的寺庙内有干尸,"皆金饰之,目无神,披黄缁衣,盘膝坐座上"。回到家后,潘国顺与当地的一位名士"抵足夜谈",后者也谈及他所听到的肉身成佛之不坏金身:

和悦洲亦有一僧,……僧将死,制铁条如许长,强探后庭而入,直贯顶,虽腐烂秽汁,从后窍滴流,表如蝉蜕。众僧饰以金,装以衣,声言僧道行高,白身登天,灵应如响,以惑愚夫妇,借以为取资计,故遐迩闻之,咸来上香,而弗知僧未成仙,登极乐境,且受此至惨之刑,永无自在,众僧忍乎哉!僧其愚矣,博浮名而膺实苦。千古以来,未闻有以坐肉行尸而不脱凡,可以为真佛者。今之僧,可谓世之称肉身拔升,吾亦几为所惑云。

和悦洲一作"荷叶洲",在安徽铜陵西南四十里的大通镇夹江口,清咸丰以还因商贾麇集,遂成巨镇。当地以盐务为大宗,客民分为八帮,其中之一就是"新安帮"(亦即徽州帮)。晚清时期,活跃在当地的黟县徽商尤为众多。此处提及,所谓肉身成佛,是和尚杜撰出愚弄民众的把戏,其过程实际上相当残酷。此一做法,颇像当代作家莫言笔下的"檀香刑"。类似的骗局,在传统时代所见颇多。袁枚《续子不语》中就有"凡肉身仙佛俱非真体"一条,其中提及,顺治年间有邢秀才读书村寺中,黄昏出门小步,闻有人哀号云:"我不愿作佛!"邢爬上树窃窥之,见众僧环向一僧合掌作礼,祝其早生西天。旁置一铁条,长三四尺许,邢不解其故。闻郡中喧传,"某日活佛升天,请大众烧香礼拜"。"来者万余人。邢往观之,升天者即口呼'不愿作佛'之僧也,业已扛上香台,将焚化矣。急告官相验,则僧已死,莲花座上血淙淙滴满,谷道中有铁钉一条,直贯其顶。官拘拿恶僧讯问,云:'烧此僧以取香火钱财,非用铁钉,则临死头歪,不能端直故也。'乃尽置诸法。而一时烧香许愿者,方大悔走散。"看来,这种肉身成佛不坏金身的背后,有着血淋淋的悲惨现实。

五

《扫愁帚笔谈》还记录了不少19世纪江南农村光怪陆离的社会现象。譬如,"奸鸡"条曰:

> 予馆于农家于壬辰岁,系深山僻壤,岑寂异常。每宵无聊,僻坐荒斋。邻村有鳏者,独居一室,素吸洋烟,遂信步至之,横卧相陪,闲谈荒语,必待倦而后返。一夕,云其僚辈故业木工,同事三十余,各畜鸡雌。有某者年将而立,甚好狎邪,频死畜鸡,咸所弗解,惟某即持去烹食之。一日,或有见其抱鸡厕中,就于裤间弄之,须臾鸡死。

"壬辰"亦即光绪十八年（1892），其时潘国顺在深山农家处馆，听邻村一位鳏夫提及当地牲畜和母鸡经常莫名其妙地死亡，后来有人在厕所中看到了不堪的真实一幕。揆情度理，当时的一些徽州农村相当贫困，导致男子的有偶率较低，故而出现了个别原始欲望与伦理道德的激烈冲突。

　　相较于男性的极端变态，"妙法置妇"条则反映了更为残酷的事实。这则说的是光绪二十二年（1896）盛夏发生在黟县西递一带因琴瑟失调而酿成惨剧：一对新婚夫妇，新郎还是儿童，而新妇则已十八九岁，后者显然是位童养媳。因新娘不知什么缘故拿剪刀将新郎生殖器剪断，造成后者的死亡。男方族人先是派奴婢前往娘家报信，说新娘无故自杀。碰到这种情况，娘家一定会兴师动众地前来问罪。果然，娘家人勃然大怒，纠集多人气势汹汹地乘轿赶到，要求查验尸身。结果一进门，就看到新娘不知什么原因像母猪一样被绑着躺在地上。娘家人大惑不解，赶紧问是怎么一回事。夫家这才拿着蜡烛照照床上，道出事情的缘由。听罢，娘家人只能任由夫家处理，一行人灰头土脸地离去。夫家接着开祠聚议，准备了一副大棺材，棺材前部留有空隙，将新娘活生生地置于棺材底部，再让新郎尸体叠在其上。棺材并不下葬，而只是放在野地里。当时，过往的行人多有听到棺材内声嘶力竭的哭喊声。有人拟想新娘的痛苦，认为这样的处置恐怕要超过凌迟割剥。因为其时正值溽暑炎蒸，上面的尸体必然高度腐化，尸汁下流，蛆虫生长，这些都在所难免。新妇求生不得，求死不能，最后是在痛苦中凄惨地死去，这是可以想见的……

除了这些沉重、可怕的故事之外，两性生活亦是潘国顺津津乐道的话题。此类话题千奇百怪，成为穷居无聊之人茶余饭后的谈资。例如，"白湖新续"条说的是黟县人王某，天命之年托媒远聘，觅得二十多岁的娇妻，新婚之夜"久旱甘霖，备极狎亵"，结果一命呜呼。当夜，新娘因不胜其扰，且羞于言诘，未曾发现王某的异状，遂抽身侧睡，直到天亮时方才发现情况不妙。在众人的威逼下，可怜的新娘，只得在众人面前一五一十地供述前夜床笫间的媟狎之态，以期自证清白。尽管如此，她还是被怀疑与他人有奸情并加害于夫君，差点吃了官司。

在徽州，因洋庄茶的盛行，当地有不少茶叶通过"漂广东"运往岭南。在这种背景下，黟县人与粤商也有不少互动与交流。"广东老"条说，当时开设洋烟店的主人"广东老"，包养了一小家碧玉，两人要好得如同是伉俪一对。妇人的饮食、衣服，全都由广东老提供，而后者亦乐此不疲。"一夜抱妇登床，就淫之，狂驰猛骤，兴浓乐极，将历更余，妇即昏然晕去，广惊视之，已气绝而鼻冰，身循僵而已毙矣"。于是大惊，仓皇奔出，告诉该妇的婆婆。后者原先是垂涎于广东老的财富，所以让儿媳与之通奸，听闻此事，赶紧赶到妇人家中百般施救，却回天乏力。至此，婆婆与广东老反目成仇，声言要与他打官司，后者只得花钱消灾，赔了一大笔钱，才得以脱身。

《木尖》一则，则是作者在鄱阳县开塾授徒时所亲闻，其中提到一对饶州年轻小夫妻,以"状类犬阳"的木尖为情趣用品追求刺激,结果难以自拔,不得不求助于长辈。后者先后延请稳婆、医生、铁工和收生婆等前来帮忙,但因涉及的技术颇为复杂,处理过程煞费周折,结果闹得满城风雨,终成里巷笑谈。

《遇鬼》一则是说挑夫某甲,一日黎明时担挑而出,途中遇一少妇,二人相谈甚洽,"欢然搂抱,遂成野合,极情尽兴,云雨酣浓"。某甲以为自己走了桃花运,有此一番艳遇足慰平生,遂春风一度后,与之"偎脸抱肩,依依不舍",于草丛中欢快睡去。结果一觉醒来,发现已是夕阳衔山,周遭绝无一人。再看看怀中,所抱者竟是一块很长的巨石。见此情状,某甲"俯验私处,即泥沙成窟,精填盏许,阳具肿胀,痛不可忍",只得弯着腰回到家中。此后身体每况愈下,大病不起,半个月后便去世了。临死之前,他向家人坦白了这件倒霉事。至此,人们才知道他是因为与鬼物交欢而自作自受。这些故事,都是劝诫世人当节制个人过度的冲动,发乎情而止乎礼。

六

潘国顺早年到过江西、浙江各地,虽然经商一事无成,但他在商海浮沉多年,耳闻目睹了不少徽商的事迹行止。如"义犬"条就提及:黟县城北有位在江西开店贸贩的金姓徽商,养了一条黑白相间的狗。某次,他挟带重货前往外地购货,出门时那条狗跟在后面。金商驱叱使回,狗遂斜行而去。大约走了六七里,金商因内急走入林间大便,顺手将随身携带的包袱放在路边。事毕,系上裤子就走了,竟忘了先前放下的包袱。到达目的地后检查行装,才发现丢了钱,想要回去搜寻,但回想其地是"南北冲衢,行人如蚁",肯定难以找回,故只能责怪自己,懊恼不已。过了十天,他办完事情返乡,到了上次如厕的地方,一眼望见有条狗卧在草丛间,仔细一看相当眼熟,用脚踢了也不动,才知道狗已死去。他颇感震惊,遂将狗拨开,发现其身下裹着银两的包袱,拿起来一看,正是自己的东西,而且不差毫厘。于是,他顿悟早先狗跟着自己,是预知金商可能会丢钱,当时虽然被逼折返,主要是怕违背主人的意愿,所以又绕个圈子回来,为金商守住遗失的赀本。终因久等不到,只能以死相殉。在它想来,主人如果得见,一定会想起这件事,它是借此来报答故主。对此,金商极为感动,遂出资修建了"义犬亭"。从此,商旅途经此地,都会赞叹不已。根据潘国顺的描述,义犬亭位于饶州的安仁(今江西余江县东北)乡间。不过,类似的"义犬亭",在清代的笔记小说中颇有所见。嘉庆年间王有光所撰的《吴下谚联》中,就有"犬有义而可养"条,也说了类似的义犬故事,只是主人公是侨业浙江之徽商,而所修的义犬亭则在新安江畔的富阳。

其实,我们如果将此一故事上溯,便可发现,在《聊斋志异》中,蒲松龄也讲过类似的"义犬"故事,只是故事发生的背景是在潞安（今山西长治一带），主人最后所建者不是"义犬亭"，而只是一个"义犬冢"而已。在潘国顺笔下，讲完"义犬"故事之后，他还特地说出故事的出处，这一点也与《聊斋志异》颇相类似。

在此，我们不妨将《扫愁帚笔谈》与《聊斋志异》稍做比较。从个人的生存状态来看，蒲松龄有个凶悍的大嫂，她极端厌憎这位小叔为科举不事生产。在这一点上，潘国顺亦有类似的生活经历，他备尝科场失意的耻辱，也受尽了屡试不中的白眼与闲言碎语。因此，在他的作品中，同样充斥着愤世嫉俗与奇情异想。

关于《聊斋志异》之创作，蒲松龄在《自序》中这样写道：

……独是子夜荧荧，灯昏欲蕊；萧斋瑟瑟，案冷疑冰。集腋为裘，妄续幽冥之录；浮白载笔，仅成孤愤之书。寄托如此，亦足悲矣！嗟乎！惊霜寒雀，抱树无温；吊月秋虫，偎栏自热。知我者，其在青林黑塞间乎！

无独有偶，《〈扫愁帚笔谈丛录〉自叙》亦曰：

……维时雨晦灯昏，风萧夜静，醉浊醪之余趣，喜萤灯之□□。濡笔抽笺，直书则奇奇怪怪；吮烟酬茗，暝搜则人人物物。盖此中之景味，实吾人之解忧，只堪为知我者道也。

看来，无论是自序还是创作手法，潘国顺始终都在刻意模仿蒲留仙。对于《聊斋志异》，清人王士禛《题辞》曰：

姑妄言之姑听之，豆棚瓜架雨如丝。
料应厌作人间语，爱听秋坟鬼唱诗。

在渔阳山人的想象中，秋雨淅沥，豆棚瓜架之下，人们饶有兴趣地讲述着鬼怪神祇的故事，对于此类的齐东野语，"姑妄言之姑听之"，完全不必当真。

豆棚瓜架是芸芸众生聚会纳凉说话闲聊之处，其下的家长里短，对于整个社会而言无足轻重，在浮世喧嚣中可谓气若游丝，这就是为什么我会刻意在本文标题中将"雨"改作"语"字的缘故。

在传统中国，衙门胥吏往往是沉默的大多数，在传世文献中，很少能听到这类人的声音。不过，身处社会底层的这些人，往往阅尽人世沧桑，他们偶一著述，便成为观察历史的珍贵史料。例如，现存明末清初著名的《历年记》一书，即出自上海胥吏姚廷遴之手。迄今，社会史、法制史等诸多学科的研究者，皆曾聚焦于此一文献，探讨鼎革前后的江南社会。姚廷遴是一位有着从商、务农、做吏和教书等丰富阅历的读书人，与其相类似，潘国顺也有着从商、做吏和教书的相同经历。只是与姚氏生活的年代不同，在晚清时期，潘国顺曾读过《癸巳汇稿》，也翻阅过《申报》之类的近代报刊。不过，从总体上看，他的知识储备仍旧极为传统、保守。在知识界，他们难以发出声音，远远不能与那些大儒（如近在黟县的俞正燮等人）相提并论。尽管如此，这也并不等于他们的所思所想、所见所闻，就完全没有思想史的研究价值。这就像路边墙角零星的茑萝，花期虽短，植株亦小，难以装点大片风景，但亦竭其全力，在秋日的晴空下倔强绽放。豆棚瓜架之下，气若游丝的闲聊碎语，仍是我们观察传统中国的重要史料。

七

在清代，类似于潘国顺这样的读书人，有着极其庞大的数量，而且到了19世纪晚期，此一群体呈现出急速增长之势。根据张仲礼先生的估计，太平天国之后生员的总数估计约为九十一万，比太平天国前增加了将近四分之一。这一数字显然说明，没有考上秀才的读书人，数量应当颇为庞大。这些人构成了传统中国"读书人"的基础。对此，《扫愁帚笔谈》中有"腐儒"条：

我黔近年来文风兴盛，科甲频仍，所以业儒者日更多。大半家不丰足，欲子读书，急于成名，以博官秩而食厚禄。则为师者，亦往往以八股时文，授以门径。试期伊迩，每多借怀挟之弊。故今之考篮，大如小箱，以能多带课艺，广藏选集。一入场，见题则翻阅目录。其洋板文，有三万、有大□、试帖等作，无之不有。每每敷衍摹袭，装点成文。间有撞着青衿者，其实句读尚未明，即随便书一简，都有不可以解者。

潘国顺自视甚高，对于周围一些考中秀才的人（包括自己的族弟）都极为鄙视。他认为，那些考中秀才的人，都是靠作弊侥幸成功的，许多人"写字犹如鸡脚爪，作文臭屁真不通"，文行相当不堪。只是当时的"妇孺何知？只以秀才不秀才为体面。而俗情之扰扰，更以读书不考试为鄙陋。其中之学品优劣，均置诸乎度外而已"。揆情度理，潘氏的指摘，部分地反映了其时的人情世故，但从中亦可得见，命途多舛的潘国顺之嫉妒心极强，"读书不考试"的他，实际上很在乎能否考上秀才，对于这一点也相当敏感，但他却无力改变自己的命运，只能眼巴巴地看着别人出入科场，而自己则无奈地以旁观者身份，对读书应试者极尽讥讽之能事。如在"大贤"条中，他就说本县的舒某对"四书五经"一知半解，直到四十余岁，还是一位老童生。"秀才"条则说邻村有位汪姓的徽商子弟粗蠢无比，靠作弊考上秀才，并到处炫耀，最终落魄潦倒，却仍将"秀才"二字时刻挂在嘴边。另外，"老童妄想"条，提及一位汪某，直到六十多岁才被例赐为秀才。他痴心妄想，希望更进一境考取举人，却因科举考试客死异乡。对此，潘国顺于字里行间，透露出幸灾乐祸的情绪。

明代以来，随着中国人口的增长，生存竞争愈益激烈，许多人治生乏术，便退而混迹于科场，以读书人自居,躲避残酷的社会现实。于是,社会上出现了大批"不士不农不工不商之人"(龚自珍语)。这些人其实既对读书毫无兴趣,也没有能力通过自身的努力科举及第。此类群体充斥于整个社会,遂形成了各种各样的怪诞现象。对此,潘国顺有一则《蒙童诗》曰:

夜痴,桃源人,不详其姓。以其性嗜书,又不喜其日间披吟,往往于玉漏频催时,独居一室,则翻阅握管,尝达天晓,故人谓之曰夜颠倒,名其名曰"夜痴"。又绰其号曰"夜古董""书呆子",以其自言:三日不读书,言语无味。生平落落,多愁善病,尝以《劝学诗》改之曰:孤子重不豪,药炉教尔曹;万般皆天品,唯有短命高。……其人洒落,如此可见已!

《蒙童诗》一则被编在《扫愁帚笔谈》一书的前部,紧随在被当作全书凡例说明的《剖白》之后,可见潘国顺对这一故事极为重视。而由前揭的描摹来看,"夜痴"实在是个病态的书呆子,却为潘氏所激赏。从某种意义上看,我们从此人的身上,实际上也可以看到潘国顺本人的影子。当时,在徽州社会出现了一大批既不甘心从事训蒙,又不能务农经商的读书人。这批人读过"四书五经",自视甚高,但在现实生活中却处处碰壁。笼罩在他们日常生活中的迷雾,只能以一个"愁"字当之。此种状态,在潘国顺的《扫愁帚笔谈》中随处可见。如他在《〈扫愁帚笔谈丛录〉自叙》末了,即署作:"乙未冬夜愁来时,酒兵克之,获享坦然,于一豆灯下,乃独坐居也,时已三漏矣。""乙未"即光绪二十一年(1895),是时,潘国顺已三十二岁。根据张仲礼先生的研究,在清代,考中生员者年纪最小的是十六岁,一般多在二十一到二十五岁之间。此后,考中举人的年纪平均是在三十岁。而潘国顺早已过了而立之年,却竟然连秀才都不是,心中的郁闷可想而知!他只能时时以酒浇愁,所作的随笔,亦以"扫愁"为其中心议题。

不过,潘国顺在他的文字中,总是刻意表现出一种豁达的生存状态:

> 了俗山人天性慈祥,素行忠恕,虽因贫困而为委吏,常有动止,丝毫不离准绳,未稍随流俗,浮沉世海也。甚至枵腹从事,亦必拘守大道。每获微赏,不使冻馁,且曰:此享天之福也,吾须体上天喜善之德。故其友弟时讥诮之,谓其何迂之甚云。

"山人"本是传统时代的诗人谒客,潘国顺自号"了俗山人",借此标榜自己的潇洒自在。他摆出一副清高的姿态,悠闲地信笔涂写,抒发内心的情感。在书中,他更是处心积虑地时时表现出悠然自得的生存状态。如《戊申偶志》就这样写道:

> 吾家当春夏之交,苍鲜盈阶,草木际天,门无剥

喙，竹影参差，禽鸟幽鸣，晨对东山，见一片红霞，日光渐发，不胜精神为之一爽！朗读太史公书以浇垒块，缓步陌阡，望荒城而去。日薄西山，偶得闲钱，沽酒痛饮，循循安步，望山径而返于荒村蔓草间，偕山妻弱女，坐石榻，食菜羹，啜苦茗而已。

"戊申"亦即光绪三十四年（1908）。潘国顺自号"倚南窗主人"，他的书斋倚南窗，即模仿陶靖节之"倚南窗"。上揭的文字颇为流畅优美，从字面上看，何其潇洒自如！生活亦何等惬意！不过，这样的文字大概只有文学爱好者才会当真，历史学家显然不应被此类的表面文章所迷惑。透过华丽文字的迷障，我们看到的是传统文人的狂奴故态。

在《扫愁帚笔谈》中，潘国顺的精神状态毕露无遗。该书卷首另有《相命自志》，其中提到："二十七岁后，方许稍亨；五十二以后，皆不利命。即尽忠报国，反遭三尺之诛；竭力于人，只作一场说话；得钱处，有鬼来偷；吃亏处，有人扶持。一生踪迹，相命皆前定，夫复何求？"在传统中国，"穷算命，富烧香"，反映了不同生活状态下人们的心态。竭蹶困窘之人特别在乎算命，他们往往以此推算自己何时方能咸鱼翻生。"万般不如意，百事不趁（称）心"的潘国顺正是通过算命，对个人的一生加以总结。从中可见，一生的坎坷，似乎都是上天注定。不过，他甘于命运的安排吗？

在传统中国，科举制度促进了社会阶层的流动，但在这种制度下，社会上也产生出一大批的庸人和狂人。只有那些很快通过制艺，科举场上如沐春风之人，才有可能心平气顺地从事其他事业。否则，人们一辈子都会痛苦地挣扎在科举文网中而难以自拔。纵观潘国顺的一生，他虽然碌碌无为，却心有未甘，内心深处充满了出人头地的幻想。他在"恨事"条中就写道："千里马不逢伯乐，天上龙顿失云雨，猛老虎猝入平阳，英雄汉困于陋巷，红花女嫁与村夫，美少年娶着老媪。我本恨人，好言恨事，薄书于此，以证诸贤。"潘国顺自比为"千里马""天上龙""猛老虎""英雄汉""红花女"和"美少年"，但在现实生活中他却举步维艰，所以对社会充满了极端的怨怼，遂将这种情绪通过随笔的形式传达出来。

与生活在盛清时代的蒲松龄不同，潘国顺身处19世纪内外交困的晚清时期，不仅二人生活的时代完全不同，而且活动的地域空间亦大相径庭。蒲松龄生活在齐鲁大地的山东淄川，而潘国顺则生长于黄山白岳之间的商贾之乡。蒲松龄的著作主要是演绎鬼神故事，生活的艰辛，科举场上的失落，似乎并未泯灭他对美好生活的憧憬，因此，《聊斋志异》中的诸多作品，以生花妙笔状摹情感之幽微，曲尽性与爱的缠绵悱恻，仍不乏诗情画意与浪漫情调。在他笔下，"多具人情"的花妖狐魅，实际上曲折地表达出作者的理想与愿望。而潘国顺则不同，相对而言，《扫愁帚笔谈》系属作者的游戏消遣之作，其中的绝大多数记录更具写实性，书中洋洋洒洒、笔走龙蛇的诸多细节，在在反映了重商背景下大、小徽州社会的沉重与阴暗，折射出科举时代一个读书人的苦闷与绝望。

在徽州，《聊斋志异》一直备受瞩目，为许多文人商贾所追捧。现存的不少笔记、文集，皆有明显模仿《聊斋志异》的痕迹。譬如，清乾嘉年间歙县人江绍莲有《聊斋志异摘抄》一书。与此同时，在歙县教书的淳安人方舒岩，亦著有《聊斋志异方舒岩批本》4卷，该书对《聊斋志异》做了细致的评点，并将类似的徽州故事附于相关的篇目之下。此外，嘉道年间活跃在浙西的婺源士商江南春，也数度阅读过《聊斋志异》，其人"喜其叙事详明，笔亦大雅不群"，认为该书是"真勘破人情者"。江氏后来撰成的《静寄轩见闻随笔　静寄轩杂录》（未刊稿本）等，也有模仿《聊斋志异》的痕迹。

不过，《聊斋志异》"一直被模仿，从未被超越"。蒲松龄笔下从书箱里爬出的"蛰龙"，摹绘如生，亦真亦幻，颇富童话色彩，其间的遐思妙想，予人一种莫名的神秘之感；而潘氏砚端其状"如丝"的"困龙"，则折射出"天生我材必有用"的庸人臆想与喧嚣尘世的狂躁。在"学而优则仕"的年代，激烈的生存竞争，使得整个社会似乎都充满了自觉怀才不遇者，到处皆飘荡着壮志难酬的悲歌……

（原载《东方早报·上海书评》
2016年12月18日、25日）